お金が殖える魔法の財布を手に入れる！

～忙しいビジネスマンが本業で活躍するための投資術～

等々力式不労所得投資塾長
お金のIQ 先生

等々力《とどろき》 秀《しゅう》

ブリッシング

まえがき

この本を手に取っていただいたあなたに、早速ですがご質問させていただきます。
もしも、あなたの身に次のようなことが起きたら、どうしますか？

- **突然、勤めていた会社が倒産した**
- **自分が病気で倒れて、長期入院が必要になった**
- **家族や両親が倒れ、要介護で長期の看病が必要になった**

今の世の中、こんな話はそこら中にあふれています。

「自分だけは大丈夫」と思っていても、ある日突然、こうした事態に陥るのが人生の現実なのです。

あなたはこのような「もしも」に対する何らかの備えをもっているでしょうか？

私にも、同じような経験があります。

詳しくは本書の中でも述べますが、10年前に、両親が相次いで他界しました。大きなショックを受けていた矢先、今度は家族が病気になってしまい、自宅で療養することになったのです。

技術系サラリーマンの私は、朝早く出勤して夜遅く帰るという生活を送っていました。「こんな働き方をしていたなら、いざというとき、愛する家族を守ることもできない」と、そのとき心底そう思ったのです。

幸い、家族は順調に回復し大事に至らなかったのですが、そのときの体験は、私に「〝もしも〟に対する備え」の必要性を痛感させるものでした。

◎「投資」とはあなたを守る武器

「投資」とは、「もしも」のときに、あなたとあなたの家族を守ってくれる武器です。

両親の死と家族の病気を転機に、私は「投資」の世界に足を踏み入れました。

といっても、いきなり会社を辞めてデイトレード（個人投資家による株式債券などの日計り取引）やＦＸ（外国為替証拠金取引）を専業にしたわけではありません。

今でもサラリーマンを続けながら、でも、少しだけ普通のサラリーマンと違う生活をしています。

それは、ほったらかしにしながら銀行口座に毎月、毎月、お金が自動的に振り込まれる「仕組み」をつくりあげたということです。

◎ゆとりができて、仕事にも集中できる

私はこの「仕組み」を手に入れたことで、経済的ゆとりだけでなく、家族と過ごす豊かな時間的ゆとりを手に入れました。そして何よりも、精神的なゆとりを手に入れることができたのです。おかげで、老後や病気、お金の不安といった、あらゆる心理的束縛から解放されて、毎日を心穏やかに過ごせるようになりました。

そんな私のささやかな経験とノウハウを、『年利20％の不労所得でセミリタイヤ生活を手に入れる方法』（２０１４年、ＤＢパブリッシング）というタイトルで１冊にまとめ、電子書籍で販売したところ、「分かり易い」「不安が和らいだ」「さっそく始めたい」など予想を超える大反響でした。

投資を始めてから知り合いになった、元佐世保バーガーの創業社長の吉村啓志社長からは、「こんなに心穏やかな投資があったのか!?」という、もったいない推薦文までいただきました。

そこで、より多くの人に私の考えを届けたい、お金の束縛から自由になってほしい、という思いで、この本を執筆しました。

この本は、家族や仲間を大切に思い、毎日汗を流して仕事を頑張っておられる、そんなあなたへのささやかなプレゼントなのです。

◎〝失敗〟から学んだ多忙なサラリーマンに最適な「ほったらかし投資」

現在も私はサラリーマンを続けながら、投資を行っています。それだけではなく、ありがたいことに講演などに講師としてお呼びいただくことも増えてきました。

講師の際などは、「学校では学べないお金の本当のしくみを誰よりも分かり易く教えてくれる〝お金のＩＱ先生〟」という感じで紹介してもらっています。

実は、ここに来るまでには数多くの失敗も経験しました。あらゆる投資方法を実践し、たくさんの失敗を乗り越え多くのことを学んできたからこそ、「お金のＩＱ先生」と名乗ることができるのです。

だからこそ読者の皆様には、痛い思いをすることなく、私がつかんだ成功への最短コースを歩んでいただければと思うのです。

投資は、「始めなきゃ！　と気がついたときが始めどき」です。

実際、投資の本やセミナーは数多くあるのにやっている人はほとんどいません。日銀のある調査データによると株などの有価証券を実際に持っている人は国民の2割にも満たないそうです。投資の勉強だけで終わってしまう方がほとんどです。いざ自分で投資を始める方はごく少数です。

みなさん、いろいろな理由があるのでしょう。

「元手が貯《た》まってから投資しよう」

「もっと他の方法も勉強してから始めてみよう」

「今さら始めても、もう遅いんじゃないか……」

実は、どれもやらない理由にはなりません。


「元手が貯まってから投資しよう」

➡実は、元手が無い方がチャンスです。初心者が大金をいきなり投資すると
たいてい失敗します。元手が少ないうちにコツコツ手堅く始めるのが成功
の近道です。

「もっと他の方法も勉強してから始めてみよう」

⬇私がほとんどの投資方法を自腹を切って試してみたので、あなたが大切な時間とお金をかけて勉強しなおす必要はありません。

「今さら始めても、もう遅いんじゃないか……」

⬇これも投資に対する誤解ですが、投資に「遅い」はありません。投資で成功するコツは「時間を味方につけること」です。少しでも早く始めることで、得られるリターンも大きくなります。

この本は、「投資に興味があるけど、今まで一歩踏み出せなかった人」や「投資をやろうやろうと思いながらタイミングを逃してしまい、出遅れたと思っている人」にこそ読んでほしいのです。

投資の世界に「出遅れた」などということは絶対にありません！

むしろ「やらない事のリスク」の方が大きいのです。それでもあなたはまだ「そのうち……」という選択肢を選び続けるのですか？

繰り返しますが、「気が付いたときが始めどき」なのです。

いまビジネスでバリバリ頑張っている方も、「もしも」の事態はいつやってくるかわかりません。そんなときのために、本業と十分に両立できる投資があることを知ってください。万が一、ビジネスの収入が途絶えたときでも、あなたを助けてくれるのが投資です。

家のローンや家賃、子どもの学費、親の介護、自分の老後……サラリーマンのみなさんは、おそらくお金はいくらあっても足りないのが現実です。

この本を最後まで読めば、知識ゼロの人でも、元手がない人でも、投資に一歩踏み出せるようになります。

いま投資を始めることが、未来の自分と家族を守ってくれます。

さあ、私と一緒に、お金と時間の束縛から自由な生活を手に入れる、投資生活をエンジョイしましょう！

等々力《とどろき》 秀《しゅう》

お金が殖える魔法の財布を手に入れる！
～忙しいビジネスマンが本業で活躍するための投資術～

目次

第1章　今すぐ投資を始めなければヤバイこれだけの理由

■サラリーマンを取り巻く厳しい環境――18
■「景気が回復すれば暮らしはよくなる！」は本当か？――22
■「人生のコスト」いくらかかるか知っていますか？――26
■会社で30年間まじめに働き続けても、老後破産する!?――29
■「貯金」は、果たしてしっかり者の代名詞か？――34
■現役世代を苦しめている「親の常識」の呪縛――37
■厳しい時代だからこそ、「複業」のススメ――39

■「複業」をしようにも、お金も時間もない……。――43
■あなたはもうすでに「投資」をしている？――47
■お金と上手に付き合うために必要な「3つの力」――51
■お金を「管理する」力――55
■お金を「殖やす」力――59
■サラリーマンこそ「投資」をすべき！――63
■投資家思考というマインドセットをもとう！――69
コラム　等々力秀の投資遍歴①――73

第2章　サラリーマンが手を出してはいけない投資とは？

■投資にはリスクがあるのではないか？——80
■投資をギャンブルにしないために押さえておきたい「投資の3つの基礎」——84
■資産を3つに分けて管理する——87
■リスクを下げるための3大原則——91
■投資の成功法則～時間を味方につける——94
■お金の殖やし方、基本のキ「資本収益」と「配当収入」を意識しよう——98
■不労所得の醍醐味＝インカムゲイン（配当収入）をもとう——101
■投資の世界を3つのグループに束ねてみよう！——105
■あなたの投資のスタイルは？——109
■ねらい目!!　素人が知らない投資の「穴場」がある——115
■人類最大の発見「複利パワー」の威力——120

コラム　等々力秀の投資遍歴②——125

第3章　サラリーマンに最適な投資＝プロまかせのらくちん投資術

■富裕層の投資法は、理に適っていてサラリーマンにうってつけ!?——130
■プロまかせの投資術とは？——134
■プロまかせの投資法にはどのような種類があるのか？——138
■結局、おススメの投資法はなに？——141
■これだけある！　メリットだらけの優れた投資法——144
■デメリットはほとんどない——149
■他の投資手法と比較してみよう①不動産——155

■他の投資手法と比較してみよう　②　株式投資――162
■他の投資手法と比較してみよう　③　定期預金――167
コラム　手を出してはいけない怪しいファンドの見分け方――171

第4章　プロにお任せ投資で配当生活を実現　実践の手引き①

■具体的な種類を知ろう――178
■安定収入を目指すなら「インカムゲイン」がねらい目！――184
■等々力流「銘柄選定3ステップ」――188
■銘柄選定の事例をみてみよう――194
■がんばれば「年利20％」も夢じゃない？
～高金利を生み出す2つのカギ――196

■驚異の利回りを比較しよう！　〜世界にいっぱいある高利回り商品〜――201
■高金利を生み出すもう一つのカギ――204
■これが等々力式「2段階投資手法」――208
コラム　配当率を確かめよう〜　配当率の計算事例〜――211

第5章　さあ、始めてみよう　実践の手引き②

■購入の具体的な手順――216
■今すぐ口座を開設してみよう――219
■サラリーマンの強い味方、便利に使える〝特定口座〟――223
■投資を左右する「条件の設定」は慎重に!!――225
■入金――いくら準備すればいいのか？――228

■「買いたい商品候補」の選び方――230
■配当金シミュレーションをしてみる――233
■重要！　必ず運用状況をチェックしよう――236
■投資金額決定、いざ購入！――240
■金額はいくらから始めるべきか？――242
■こまめに相談できる担当者をつくろう――245
■どんな情報をチェックしていくべきか？――248
コラム　分配金に関する注意――252
おわりに――258

第1章

今すぐ投資を始めなければヤバイこれだけの理由

サラリーマンを取り巻く厳しい環境

2012年末に第二次安倍政権が誕生して以来、「アベノミクス」という言葉がメディアを賑わせています。バブル崩壊、リーマンショック後に長らく続いた不景気からようやく脱却しようとしています。

しかし、読者の皆様の中に、

「アベノミクスのおかげで給料があがった！　生活が楽になった」

なんていう人はいらっしゃいますでしょうか？

おそらく、ほとんどいないのではないかと思います。

それもそのはず、ある世論調査によれば、アベノミクスで実際に恩恵を受けている世帯は全体の20％以下という数値も出ています。

この実感の低さがどこから来るのか？　気になっていろいろ調べているうちにサラリー

マンにとって非常に厳しい現実を示すデータがいくつか見つかりました。

実際は、日本のサラリーマンの年収は、年々減少の一途をたどっています。

まずは、OECD（経済協力開発機構）加盟国の雇用者報酬（＝給与）の推移を比較してみましょう。

1997年時点での雇用者報酬を100として、15年後の2012年にどの程度、増加／減少したかを見てみます。

- **オーストラリア：194・6**
- **イギリス：168・9**
- **アメリカ：158・0**
- **スウェーデン：158・0**
- **フランス：152・7**
- **ドイツ：138・6**
- **日本：88・9**

（以上、OECDデータベース、ならびに日本は「毎月勤労統計」等を参考）

いかがでしょうか？

先進国の中で日本だけが、雇用者報酬が下がっているのです。世界の先進国とも、どんどん差が広がっているのが日本なのです。


実際、統計によると、１９９７年（平成9年度）にはサラリーマンの平均年収は約４６７万円でした。ところが２０１４年（平成26年度）には約４１５万円にまで減ってしまいました。15年間でサラリーマンの給料はここまで下がってしまったのです。これでは、私たちの暮らし向きが一向によくならないのもうなずけます。

ただ、この数値はあくまでも「平均」です。年収の平均値はごく一部の富裕層の存在によって上昇します。

そこでもう一つ、サラリーマンの年収の中央値を見てみましょう。中央値とは、数値の低い順に並べたときに中央に位置する値のことです。平均値を論議する際により実態に近い数値としてよく使われます。

さて、２０１２年の統計データによれば、サラリーマンの年収の中央値は約３００万円でした。そして、全体の41％の世帯が年収300万円以下。さらに、28％の世帯が貯金ゼロという現実があるのです。（以上、国税庁「民間給与実態統計調査」より）

国民の実に半数近くの世帯が、300万円以下の年収でギリギリの生活を強いられ、さらにその中の半数の世帯には貯金すらない……。

この数字をみなさんどのように受け止めますか？　人それぞれの受け止め方があるかと思いますが、私たち庶民の皮膚感覚に即した数値だと私は思います。

このような状況下で、2017年4月には消費税が10％に増税するといわれています。

サラリーマン世帯には夢も希望もないというこの国の現実。

さらに会社をクビになったり、会社が倒産したり、あるいは病気や家族の介護など、人生には様々なリスクが降りかかります。

これだけでも、「すぐに何か行動を起こさなければヤバイ！」という危機感を覚えるには十分すぎる現実ではないでしょうか。

「景気が回復すれば暮らしはよくなる！」は本当か？

「もう少し時間がたてば、アベノミクスの恩恵がサラリーマン世帯にも及ぶから大丈夫だ」

と思っている方もいるかもしれません。

しかし、アベノミクスが効果を発揮すればするほど、サラリーマン世帯の家計は苦しくなってしまうのです。

アベノミクス「第1の矢」と呼ばれた政策に、日銀による金融緩和がありました。日銀が金融緩和政策をとれば、市場に円が大量に出回ります。そうすれば、需要と供給の関係から円の為替レートはどんどん安くなるのです。

実際、民主党政権末期の2012年には1ドル＝80円台でしたが、そのわずか3年後の2015年後半には1ドル＝120円台前半まで円安が進みました。

アベノミクスで円安に誘導した理由をわかりやすくいうと、為替が円安の方向に進むと自動車産業などの輸出企業に有利だからです。海外の人にとって、円安になれば日本の製品が安く買えますから、販売を伸ばすチャンスになるのです。実際、トヨタのような大企業になると、為替による影響は莫大で、1円円安になるだけで、400億円の営業増益となるといわれています。（2015年5月22日時点、Astra Managerデータより）

しかし、円安になれば、私たちが日本円で保有している資産は何もしなくても目減りしてしまいます。1ドル＝80円の時のあなたの資産を100とすれば、120円の時の資産は3分の2の66に減ってしまっているのです。日本国内にいる限りこの事実にはなかなか気が付きませんが、日本でお金をもっているだけで資産が目減りするリスクがあるのです。

さらに、アベノミクスの初期はさかんに「インフレ目標2パーセント」ということが言われました。日本経済は長らくデフレ（物価が下がり続ける状況）によって企業の業績が伸びずに苦しんでいました。

その状況を好転させようと、安倍政権は金融緩和によってインフレ（物価が上がり続ける状況）を作り出そうとしたのです。
しかし、先に述べたとおり、サラリーマンの給料はこの15年間、下がり続けています。給料が上がらない状況で物価上昇するということは、実質的には減給と同じなのです。

たしかにアベノミクスによって、株価は上昇しています。それは円安による輸出企業の業績改善と、世界的に金融緩和の流れがあるため市場に余剰資金が溢れていて、機関投資家が有効な投資先がないために日本企業に投資しているという消極的な理由もあるのです。海外の機関投資家は、日本株が上がるとすぐに売却して利益確定させてしまいます。すると株価は下がってしまいますから、国民が不安に思います。そうならないように、株価が下がったら慌てて政府が買い戻して下支えしているというおかしな現実があるのです。
さらに、アベノミクスの恩恵を受けている輸出企業は、グローバル展開をしている大企業が主です。そうした企業では、国際的な競争力を上げるために、売上が上がった分はまず設備投資に回しますから、サラリーマンの給料に反映されるのはずっと後になるのです。

いま述べてきたように、アベノミクスがいくら成果を上げたといっても、国民の実感を伴っていないのは当然です。

実体経済の回復にはつながっていませんし、なによりも国民、とくに大多数のサラリーマンにとってはマイナスの効果しかないのですから。

マスコミでは、

「アベノミクスの効果は現れている」

「株価はこんなに上がった」

「失業率が下がった」

等々、アベノミクスの効果を喧伝する報道が溢れています。

しかし、私たちは自分の生活を守るためにも、真実を賢く見抜く目をもたなければならないのです。

アベノミクスがいかに効果をあげ、景気指標を好転させたとしても、私たちサラリーマンの給料アップにはつながらないのです!

受け身の姿勢で国や企業に期待して、将来に夢をみるのはそろそろやめにしませんか。

「人生のコスト」いくらかかるか知っていますか？

それでは今度は角度を変えて、「人生のコスト」と年収の観点から、日本のサラリーマンの将来を展望してみましょう。

ある試算によれば、大学を卒業した22歳から、日本人男性の平均寿命である79歳まで生きた場合にかかる「人生のコスト」は、２億７５００万円だそうです。子どもを１人、大学まで進学させた場合の教育費も含みます。

「人生のコスト」である2億７５００万円を手にするには、毎月いくら稼げばよいのでしょうか？

単純化すると、次のような計算式が成り立ちます。

・人生のコスト＝2億7500万円（大卒サラリーマン22〜79歳のコスト）
・2億7500万円÷57（年）＝約482万円（毎年必要な金額）
・482万円÷12（カ月）＝約40万円（毎月必要な金額）

つまり、日本社会で平均寿命まで生きるとして、家庭をもって子ども1人を大学まで進学させるには、毎月約40万円稼がなければいけません（日本企業では60歳が定年退職になりますが、この点は後述します）。

ところが、先に挙げたように、サラリーマンの平均年収は約415万円です。

・415万円÷12（カ月）＝約34万5000円

こうしてみると、平均的な給与水準にあるサラリーマンでも、「人生のコスト」を支払うには、毎月約6万円も足りないことがわかります。

皆さんの周りでも、共働きの家庭や、奥様がパートで働いている家庭が多いかと思いますが、そうなるのもうなずけます。

しかも計算式のモデルにした平均年収415万円は、ごく一部の高額所得者の存在によって跳ね上がった数値です。

300万円前後が中央値であることを考えると……毎月15万円近くも足りないことがわかります。

いずれにしても、いまの日本の大多数の家庭は、かつてのように「ご主人が外で働き、奥様は専業主婦として家を守る」といった家族モデルが完全に崩壊していることは、データからも明らかになってしまいました。

会社で30年間まじめに働き続けても、老後破産する!?

さらに、もう一つ大きな問題があります。昨今マスコミでも話題になっている老後破産という問題です。他人事と思っている方はどうぞこの先を読んでください。

日本企業の多くは「60歳定年制」をとっています。一般的なサラリーマンはそこで定年退職し、以後は給与所得がなくなります。65歳で年金がもらえるまでは、退職金や貯金でしのがなければなりません。5年間だけ何とかしのげれば、あとは悠々自適の年金生活がまっている。

それがはたして可能なのでしょうか?

総務省「家計調査」(2014年9月調べ)によると、60歳以降世帯の平均支出額は、次のようになっています。

・60～69歳の世帯　月24万9214円
・70歳以降の世帯　月20万4487円

同調査では、ゆとりあるセカンドライフのためには、60歳以降の夫婦で毎月28万円が必要、とのデータも紹介されています。

厚生労働省が調査した「平成25年就労条件総合調査結果の概況」によると、勤続35年以上の定年退職者の退職金は、大学卒の管理・事務・技術職で、約2156万円となっています。ちなみにこの数字は平成24年のデータであり、平成20年の同調査では約2335万円となっていたことを考えると、今後も減少していくことが想像されます。

60歳で定年退職した後、働けなかったとすると、65歳までは無収入の状態が続きます。数値を簡略化して計算してみます。

・2000万円（退職金）－【28万円（毎月必要な金額）×60（月）】＝320万円

なんと、年金がもらえる65歳までの間に、1600万円以上を使ってしまい、65歳時点では手元に320万円しか残っていないのです！　この数字をよく覚えておいてください。

いっぽう、年金受給額はどうなっているのでしょうか？

日本年金機構によると、夫がサラリーマンとして勤め厚生年金に40年間加入し、妻が第3号被保険者を含めて国民年金を40年間納めたモデル世帯の場合、年金支給額は毎月22万6000円（平成26年）とのことです。

そもそも、このモデル世帯のように恵まれた家庭がどれだけあるのか、という疑問はありますが……。

それを差し引いても、年金支給額が毎月約22万円ということは、毎月必要な金額である28万円から、6万円も不足することになるのです。

先の計算式では、65歳の時点で退職金は約320万円しか残っていませんでした。

年金が支給開始されても、毎月6万円の不足分が発生します。そのマイナスを退職金の残りで補てんするとしたら……。

なんと、定年退職からわずか10年後、70歳の時点で、貯金がゼロになってしまうのです。

日本人の平均寿命は、男性が79歳、女性が86歳となっています。70歳で貯金がゼロになり、さらに毎月6万円の赤字になった家計で、どうやって平均寿命まで生きればよいのでしょうか？

昨今、メディア等で「老後破産」という言葉が躍るのは、こういう理由なのです。なかなか給料も上がらない。残業代カットでも仕事は減らない、しわ寄せは自宅に持ち帰り。だけど「会社を辞めないで働き続ければ、老後は安泰」と思って会社に必死にしがみついている人も多いと思います。

私もそんな生き方を否定するつもりはありません。

けれども、会社の仕事をがんばっている「だけ」では、どれほどがんばっても、老後破産は免れない世の中になってしまったのです。

70歳で老後資金が底を尽きた後、どうやって生活をしていけばいいのでしょう？

会社はもはや助けてくれません。「退職金と年金で悠々自適な生活」という幸福な神話はもろくも崩れさりました。

もはや、なんの備えもなく老後を迎えることは、〝死〟を意味するのです。

■ 年金だけで大丈夫か？

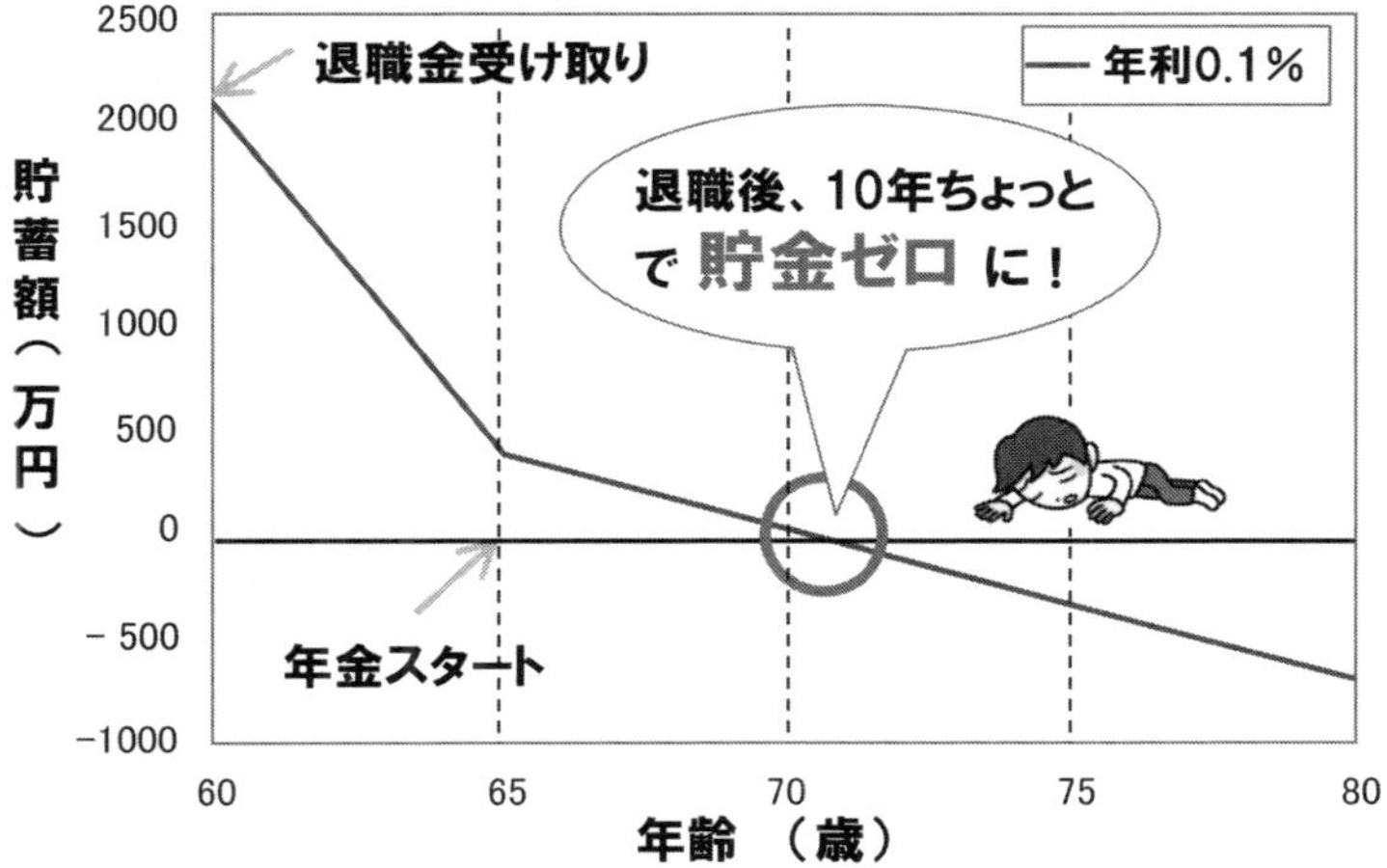

2500
2000
1500
1000
500
0
－500
−1000
貯蓄額（万円）
退職金受け取り
年金スタート
年利0.1%
退職後、10年ちょっとで 貯金ゼロ に！
60
65
70
75
80
年齢 （歳）

「貯金」は、果たしてしっかり者の代名詞か？

ここまで、日本のサラリーマンをめぐる厳しい現実を列挙してきました。
けれども賢い読者の皆様の中には、こう思う方もいるのではないでしょうか？
「若いうちからしっかり貯金をしておけば大丈夫だよ」
しかし、この発想こそが危険な落とし穴なのです。
既に述べたように、アベノミクスによって物価は上昇傾向にあります。
消費者物価指数の前年比の年ごとの平均値を見てみましょう。

- **2010年：マイナス0・72**
- **2011年：マイナス0・29**
- **2012年：マイナス0・04**
- **2013年：0・36**

・２０１４年：２・75

・２０１５年：０・73（同年10月時点での推計）

（ＩＭＦのデータより）

こうして見てみると、デフレ傾向にあった２０１２年までと一転して、アベノミクス効果によって２０１３年からはインフレ率がプラスに転じています。

一方で２０１６年１月現在、大手都市銀行の普通預金金利は、「０・０２５％」です。16年２月に発表した日銀のマイナス金利政策により、この数値はさらに低いものになっています。いずれにしても、物価上昇率が預金金利を大きく上回っています。時間と共に資産価値はどんどん下がっていくのです。つまり、安全だと思って銀行に預けているあなたの資産は、知らず知らずの間に少しずつ目減りしているのです。

具体的なお金に置き換えて説明すると、例えば２０１４年の年初めに１００万円で買えたものが、その年の年末にはインフレにより２万７千５００円値上がりしました。一方で銀行に預けていた場合、１００万円の利息はわずか25円です。わずか一年で約２万７千円も資産が目減りしているということです。

私たちの親の世代であれば、貯金は最大の生活防衛術でした。何せ、預金金利が5～6%あった時代です。

しかしこれからの時代、何もしないで銀行に預金しているだけというのは、それ自体が「リスク」になってしまうのです。

現役世代を苦しめている「親の常識」の呪縛

いまの現役世代、とくに30代~40代の方々は、親たちがちょうど「団塊の世代」やその周辺に位置しています。「団塊の世代」は、日本の高度経済成長期のメリットを最大限に享受してきました。

親世代の常識によって教育されてきた30代~40代の我々ですが、親の世代で正しかったことが、現代には合わないこともたくさん出てきています。経済のルールが、根底から変わってしまっているからです。

古いルールにしがみつくか、新しいルールに対応していくのか、その大きな岐路に立たされているのが、いまの30代~40代なのではないでしょうか。

会社に対する考え方、年金や社会保障の現実、貯金の効果など、その変化は私たちのライフプランに大きな影響を与えます。

逆に10代～20代の若者たちは、「さとり世代」「草食系」「ミニマリスト」などの言葉にもみられるように、新しいルールに対応しようとしています。若者が自動車などの高額な買い物をしなくなったのも、いち早く新しいルールに順応している現れともいえるのではないでしょうか。

しかし、ただ節約をしたり小さく暮らしているだけでは、やがて行き詰まることも目に見えています。普段の日常は少ない給料でやりくりするとしても、将来への備えを考えると、心もとないのが現実でしょう。

総務省「労働力調査」によれば、賃金労働者に占める非正規雇用の割合は、１９９０年には約20％でしたが、２０１５年には40％を超えるまでに増加しました。

安い賃金と不安定な身分で生きていかなければならない人が増えた現在、もはや国も企業も守ってくれません。自分の人生は自分で守っていくしかないのです。

私が自身のセミナー等を開催して実感するのは、かえって非正規雇用の方々の方が、自分の将来を真剣に考えているため、お金や投資の勉強にも積極的だということです。

いちばん何も考えていないのが、いま正社員で会社の仕事をバリバリ頑張っている、働き盛りのサラリーマンの方々だというのは、皮肉な現実です。

厳しい時代だからこそ、「複業」のススメ

もう一方で、注目してほしいのは、「勝ち組」と言われている年収1000万円以上の層の存在です。この層は、なんと全国民のわずか3・8%でしかありません。

このことは何を意味しているのでしょうか。

それは、いまあなたがいる集団から抜け出るためには、大きくジャンプアップをしなければならないということです。

「あなたの年収≒周りの友人の平均年収」という言葉があります。この厳しい時代にあって、年収を増やしていつかは勝ち組に入りたいと思っていても、周りと同じことをしていては、どんなに頑張っても、収入は増えないのです。

もう一度言います。

同じ思考回路を持った人の集まりの中で周りと同じことをしていては、どんなに頑張っ

ても、収入は増えないのです。

読者の皆様には、一刻も早く目を覚ましてほしいのです。


あなたがいま、本業以外の収入源が無い状態だとしましょう（ほとんどのサラリーマンは、そういう状態です）。

「まえがき」にも書きましたが、もしあなたが大きな病気をして長期入院が必要になったらどうしますか？

サラリーマンだったらいきなり収入がゼロになることはありませんが、それでも休職するとなれば給料は半分くらいになるでしょう。自営業の場合、あなたが倒れたならば収入が途絶えますから、まさに死活問題となります。

投資の世界では、「一つのカゴにすべての卵を乗せるな」という有名な格言があります。「一点に集中して投資すると、その対象に何かあったときに全ての財産を失うので、投資対象を複数に分散しなさい」という教えです。

この「分散投資」の考え方はあなたのライフプランにとっても非常に示唆に富んでいるはずです。

例えば、あなたの収入源にも同じことがいえるのです。

サラリーマンとしてバリバリ仕事に打ち込んでいても、ある日突然、会社が倒産してしまう。あるいはあなた自身が体を壊したり、家族が病気になったり、親の介護が必要になったりして、退職を余儀なくされる……。

こんな話は、今の世の中どこにでもあります。

「自分には関係ない」

そう思っている人だって、「まさか」はいつでもやってくるのです。

病気になった人はみんな言います。

「まさか自分が倒れるなんて」

と。自分がいまサラリーマンとして体力にも気力にも自信があって元気に充実した毎日を送っている人こそ、怖さをもっていない。そういう人が多いのです。

早くマインドシフトしなければいけません。

それでは、もし本業以外で、何らかの副業などで収入があったらどうでしょうか？

正社員として本業からの収入が途絶えても、あなたの家計を支えてくれる力強い味方になることでしょう。しかも、副業としての収入源は1つより2つ、2つより3つと、多く持てば持つほどより安定していきます。

私の場合、本業は技術系のサラリーマンですが、不動産、投資など複数の収入源を持っています。

「たくさんのことをするのは大変だ」と思うかもしれませんが、それは逆です。収入源が増えれば増えるほど、物理的な大変さよりも、精神的・経済的な安心感の方がはるかに大きくなります。

そこで私が声を大にして言いたいのは、

「複数の収入源を得よう！」

「『複業』を始めよう！」

ということです。

「複業」という言葉は、もともと共通の友人を通じて交流のあるロバート・アレン（アメリカの著名な投資家）が、「複数の収入減をもつのはとても大切なこと」と言っていたことから思いつきました。

「副業」ではなく、「複業」だということを、よく覚えておいてください。

「複業」をしようにも、お金も時間もない……。

今まで解説してきたように、多くのサラリーマンが将来に不安を抱いている現れか、世の中は「複業」ブームのようです。

雑誌のマネー特集などでは、「サラリーマンたちのプチバイト生活防衛術」「稼げるサイドビジネス」といった企画もよく目にします。

とはいえ、平日は（ときには休日も）朝から晩まで仕事に追われているサラリーマンが「複業」「複数の収入減」などと言われても、そんなお金も時間もない……というのが現実かもしれません。

そもそも、「複業」といっても、それがビジネスである以上、決して片手間にできるものではないですし、能力的な向き不向きであったり、センスの有無が問われたりします。

たとえば、ヤフーオークションやアマゾンなどを利用した物販ビジネスがあります。古本を転売する「せどり」などもこの一種です。

自宅にあるモノをヤフオクに出品して販売するだけなら、さしたる労力もかからず、お小遣い稼ぎ程度にはなるでしょう。しかし、副業として継続的に収入を得ようとするなら、商品を仕入れなければいけません。当然ビジネスなのでライバルがたくさんいる中で、人気のあるモノを安く仕入れるにはかなりの目利きになる必要があります。当然、そのレベルに達するには、時間も労力もかかります。

では、ネットで手軽に収入が得られるというふれこみで最近よく耳にする「アフィリエイト」はどうでしょうか。こちらも、読者の数を増やしたり頻繁にブログの記事を更新せねばならず、副業感覚ではかなり難しいと思われます。あるデータによれば、アフィリエイターの95%が、月に5千円以下しか稼げていないそうです。

また、いつの時代にも浮上してくる副業には「MLM（マルチレベルマーケティング）」があります。いわゆる一般にネットワークマーケティングと呼ばれるものです。物品の購入者をそのまま販売員として起用し、さらにその販売員も別の人を販売員として起用できるというビジネスモデルです。

ＭＬＭであってもビジネスであるのには変わりありません。その本質を理解しないまま「お友達を紹介するだけ！」という誘い文句にのって始めたのに思ったように人を集められずに失敗する人は多数います。何よりも、友人との人間関係が最悪になり、人生を大きく狂わせてしまう人もいます。

これらの「複業」を否定するつもりはありませんし、実際に継続的な収入を得ている人もいるでしょう。

ただ、収入を得るためには多大な時間と労力と扱う商品に対する愛が必要なことは確かです。忙しいサラリーマンで、本業の合間に全く新しいことを一から始めて成果を出せる人なんて、ほんの一握りです。

だからこそ私は、サラリーマンにこそ「投資」を強く勧めるのです。

ご存知の通り、投資には、不動産、株、ＦＸ、国債、投資信託など、様々な種類があります。これらの違いは次章で説明しますが、「投資」のメリットとしてまず認識していただきたいのは、つぎの二点です。

①投資は、お金に働いてもらうことで利益を得られる「不労所得」である

投資とは、「利益を得る目的で事業に資金を投下すること」です（『広辞苑』より）。

あなたが会社で本業の仕事をしている間に、お金に働いてもらって、さらなるお金を稼ぐわけです。他のサイドビジネスと違い、自分の時間を犠牲にしないでいいことは、会社員にとって大きなメリットです。

投資によって不労所得の仕組みをつくれば、本業に支障をきたすことなく、複業による収入を実現できるのです。

②投資は、サラリーマンにも認められている「複業」である

多くの会社では「副業禁止規定」があります。

しかし投資や資産運用を禁止している会社はありません。公務員にも認められている唯一の複業、それが投資です。

お金も時間もないサラリーマンにとって、もっとも効果的かつ現実的な複業が、投資なのです。

あなたはもうすでに「投資」をしている？

さて、投資というと、「必要、やりたい」と答えるのに、実際はやらない人がほとんどです。

いまだにこんな誤解があるようです。

「投資はギャンブルだから、一歩間違うと負債を抱えて自己破産する羽目になる」

「働かないで『濡れ手に粟』を狙うと、罰が当たるのではないか……」

実はほんとうの投資とは、ギャンブルでも濡れ手に粟でもなんでもなく、経済を支えるりっぱな活動です。むしろ海外では、社会貢献をしているという点で高く評価されているのですが、どうも日本では事情が違うようです。

そこで、具体的な投資の話に入る前に、まずはあなた自身のお金に対する常識を変えるところから始めましょう。

ここで一つ質問です。

あなたは、「投資」という言葉に、どのようなイメージをお持ちでしょうか？

A　危ない、怖い、よくない、ギャンブル的な要素がある。
B　安心、安全、優等生。

それでは同じように、「貯金」という言葉には、どのようなイメージをお持ちでしょうか？

A　危ない、怖い、よくない、ギャンブル的な要素がある。
B　安心、安全、優等生。

いかがでしょうか？

おそらく、多くの人はこのように思ったのではないでしょうか。

「投資」→Aの「危ない、怖い、よくない、ギャンブル的な要素がある」

「貯金」→Bの「安心、安全、優等生」


実はここに大きな誤解があります。

投資も貯金も同じものです！

言い換えれば次のようになります。

・貯金（銀行預金）とは、年利0・025％（定期預金の場合）の投資商品である。

あなたが自宅に現金で「タンス預金」をしているのでなければ、銀行を通じてすでに投資をしているのです。

銀行は、あなたの預金を運用して利益を得ているのですから。

問題は、その利率があまりにも低いことなのです。


こうしてみるとわかるように、投資自体は、特別な世界の話でもなんでもありません。

資金があって、やり方を学べば、誰にでもできてしまいます。

もちろん、正確な知識をもとに行わなければ、大切な資産を失う結果になるのも、現実です。実際、株式投資やFXなどのトレードでは、約9割の人が損をしているというデータがあります。そういった情報ばかりが先行して冒頭のマイナスのイメージがついてしまったのは私としてもとても悲しいことです。

だからこそ、本書を読んでいる皆様には、正しい投資をしてもらいたいと切に思っています。そのためには、まずはお金に対する正しいマインドセット（考え方の土台）を身につけていただきたいと思います。

お金に対するマインドセットができれば、

・お金が増えるカラクリがわかります（⇓悪いイメージがなくなります）
・お金を失うカラクリがわかります（＝危ない投資に手を出さずにすみます）
・お金が増えていくイメージができあがります（＝自然と殖やせるようになります）

その結果として、あなたの毎日の生活を変えることなく、プラスアルファのお金を継続的に生み出すことができるのです。

正しい投資をするためには、お金に対する正しいマインドセットが必要なのです。

お金と上手に付き合うために必要な「3つの力」

「浪費しているつもりはないのにお金が貯《た》まらない」
「日々の生活が大変でお金を貯める余裕もない」
「ましてや投資にまわすような資金がない」
という人もいらっしゃるでしょう。

それは、これまで「お金と上手に付き合う力」について学んでこなかったからです。これからでも遅くないですから、「お金と上手に付き合う力」を一緒に身につけましょう。

お金に好かれ、より豊かな生活を送ろうと思ったら、お金と上手に付き合う力を養う必要があります。

お金と上手に付き合うためには次の「3つの力」が必要です。

・お金を「稼ぐ力」
・お金を「殖やす力」
・お金を「管理する力」

このそれぞれが一つでも欠けたらうまくお金は貯まりません。
わかりやすく説明するために、家計を「バスタブと水」に例えて説明しましょう。
バスタブ（家計）に入ってくる水は、収入。
バスタブに溜《た》まっている水は、現在の資産。
そして、排水栓から流れ出る水が、支出になります。

さて、私たちが目指すのは、資産（バスタブに貯まる水）を増やすことです。そのために考えられるアクションは、次の3つになります。

・支出（出ていく水）を減らす。
・収入（入ってくる水）を増やす。

・貯金（溜まる水）を増やす。

バスタブにどれだけ一生懸命水を注いでも、排水栓を開けっ放しにしてると、水は増えるどころかどんどん流れ出てしまい、バスタブはすぐに空になってしまいます。

風呂を入れるときに、そんなバカなことをする人はいません。

しかし家計に置き換えて考えると、このようなバカなことをしているのに、全く気が付いていない人が結構いるのです。

どんなに一生懸命お金を稼いでも、出ていくお金を管理せず、貯める努力を怠っている。そんな状態では、お金は殖えるどころかどんどん減ってしまいます。まさに緊急事態です。

整理すると、それぞれに必要な能力は、次のようになります。

①収入（入ってくる水）を増やす＝お金を「稼ぐ」力
②支出（出ていく水）を減らす＝お金を「管理する」力
③資産（溜まる水）を増やす＝お金を「殖やす」力

この3つの能力は、それぞれ別個の能力です。

ビジネスの世界では、「お金を稼ぐ力」が重要視されます。しかし、「お金を稼ぐ力」がどれだけ優れていても、「管理する力」「殖やす力」がなければ、いつまでたってもお金は貯まらないのです。

実際にビジネスシーンで〝お金を稼ぐ力〟ばかりにフォーカスした結果、売上は上がっているにもかかわらず資金繰りがショートして、自己破産してしまうケースがしばしば見られます。

そうならないためにも、これらの3つの力をしっかりと身につけてください。

お金を「管理する」力

さて、「お金を稼ぐ力」については、あなたの本業でしっかり稼ぐことが前提ですので、あえて本書では扱いません。

お金を「管理する力」と「殖やす力」さえ身につければ、自然とお金は殖えていきます。本書の後半で紹介する投資法を実践するだけで、ほったらかしで資産がどんどん殖えていきますから、本業にしっかりと専念できますから、どうぞ安心してください。

ここでは、あなたの現在の収入を基準として、そこからいかに殖やしていくか、と考えていきたいと思います。

まず「お金を管理する力」について考えていきましょう。

これは一言でいうと、家計の収支バランスを適正に把握して管理する能力のことです。

お金を稼いだり、殖やすことを考えるのも大事です。しかし、自分のお金の収支を正しく知り、管理する能力がなければ、いくら億を稼いでも無一文になりかねません。実際にそういう人はたくさんいます。

具体的には、次のようなことに日々気を配ってください。

・自分のお金の出入りを正確に把握する

・ここで、月々の収支がマイナスの人は、投資以前の問題として、早急に収支がプラスになるように改善しなければいけません

・ポイントは、毎月、自分が使える上限の金額を決めることです。上限を決めてしまい、それを超えた分は、強制的にカットするようにします。

・おすすめはつぎの「お金が貯まる3ステップ」です。

※この3ステップはお金が貯まる人の行動思考パターンです。この順番は、〝超〟重要なので必ずこの順序を守ってください。

「お金が貯まる3ステップ」

①先取り貯金（上限の強制カット）

毎月の収入（給料）の一部を、強制的に貯金する。目安は収入の1割。貯金専用の口座に振り込んでもらうなど、自動的に貯金される仕組みをつくりましょう。

②固定費の確保と適正化（無駄の削減）

毎月の固定費（家賃やローン、教育費、光熱費など）を確保する。

こちらも、できるかぎり口座から自動引き落としされるようにしましょう。

③生活費の見直し（生活パターンの見直し）

毎月の家計（生活費）は、①と②で残った分でやりくりする。特にお金が貯まらない人は、食費、交際費の管理が雑です。

お金が貯まる習慣が身につくまでは、本当に必要な出費かよく吟味して、少々きつくてもこの機会に家計ダイエットを試みてください。

以上です。地味ですよね。けれども、この基本的なことができない人が、非常に多いのです。

この際、②③で不要な出費はないか？　徹底的に洗い出すのも良いでしょう。お金の出入りが正確に把握できるようになれば、投資で成功するための第一歩はみごとクリアです。

今の苦労は、5年後、10年後の豊かな暮らしへの投資です。将来、お金に苦労することなく豊かな暮らしをしたいのであれば、この①～③を必ず実行してください。

たしかに大変かもしれませんが、本書でこれから先に解説することを実践してもらえれば、かならず苦労は報われます。

今、苦労して、10年後に笑うか。

今、楽をして、10年後に涙を流すのか。

どちらを選ぶかはあなた次第です。10年後、笑っていたいという方は、ぜひこの先を読み進めてください。その答えがきっと見つかるでしょう。特に「先取り貯金」は、今まで習慣がなかった人にとっては「そんなことしたら果たして生活が成り立つのだろうか？」と、大変勇気がいるかもしれませんが、お金が貯まる人は必ずやっていますので、お金持ちになる最初の一歩だと思ってぜひ頑張ってください。

厳しいようですが、お金の管理ができないうちは、絶対に投資はしないでください。

投資には、良いときと悪いときが必ずあります。お金の管理がきちんとできていれば、調子が悪い局面でも、きっと耐えられる体力がついているはずです。

お金を「殖やす」力

さて、いよいよ本書のメインとなる、お金を「殖やす」力についてです。

大切なので何度も強調しますが、お金を「稼ぐ」力と、「殖やす」力はまったく別モノです。

「生みの親」と「育ての親」が違う、というイメージかもしれません。

別の言い方をすれば、このようになるでしょう。

- **「お金を稼ぐ力」はビジネス的センス**
- **「お金を殖やす力」は投資家的センス**

この分類が正確に理解できていないと、資産運用はうまくいきません。

それでは、お金を「殖やす力」とはなんでしょうか？

一言でいえば、「お金」に働かせて、「お金」を稼がせる能力です。もしくは、そのために必要な「投資家的センス」をもっていることです。

稼がせるといっても実際は「お金」には意思がないので、あなた自身が親の目線で「寛大さ」と「厳しさ」のバランスを取りながら丁寧に育てていく必要があります。子供を育てるのに少し似ています。

すごくわかり易く例えると「子育て」では、少々のことは大目に見る心の広さ（寛大さ）と、最低限のルールはしっかり教えるしつけ（厳しさ）のバランスが必要です。

投資に置き換えると、お金に稼がせるときには、次のような注意点が必要です。

・寛大さとは、目先の値動きに左右されない忍耐力、大きく育てるための長期的視野などです。

・厳しさとは、決めたルールは守る。ダメと思ったらすぐ手を引く決断力などです。

とにかく、お金を殖やすには寛大さと厳しさの両側面の目をもつことが必要です。

また、「投資家的センス」をもっていることも重要な要素です。

ここで「センス」という言葉を使いましたが、私はビジネスと同様に投資にも「センス」が必要だと思っています。

たとえば株式投資でいうと、株価の推移をあらわすチャートは、波のように見えます。上昇と下降を繰り返す株価の波にうまく乗れるかどうかは、サーフィンで波にうまく乗れる人と乗れない人がいるのに似ています。

投資の中でも株式投資やFXなどのトレードには、サーフィンと同じようなセンスが求められるのが事実です。

投資家的センスも、練習を繰り返して磨くしかありません。

株式投資であれば、株価の上下の波を皮膚感覚でとらえられるようになるまで、繰り返しトレードするしかないのです。

しかし、サラリーマンが本業片手にできることではありません。だからこそ、先に述べたように、9割の人が株式投資で損をしているのです。日々命がけでセンスを磨いている専業トレーダーたちにかなうはずがないのです。

それではセンスもなく、繰り返し練習する時間もない私たち素人はどうすればいいのか？

安心してください。実は、私が10年かかって様々な投資手法を経験した結果、たどり着いた、サラリーマンにうってつけのセンス不要の投資手法があるのです。

本業をやりながら、センス不要で誰でも取り組める投資手法を、次章以降で解説していきます。しばしお待ちください。

ともあれここでは、

・「お金を稼ぐ力」と「お金を殖やす力」は違う

という事実を理解していただければと思います。

サラリーマンこそ「投資」をすべき!

ビジネスで大成功してバリバリやっている人は、「自動化」を考えます。自動化とは、言い換えると「人に任せる」ということです。仕事を上手に回している達人は、すべてを自分一人ではできないことをちゃんと理解していて「人に任せる」ことが上手にできる人です。

会社でも部下をもったり、ある程度の役職になってくると、なんでも自分がやるのでは仕事が回らないことに気が付くはずです。自分が直接仕事をしなくても、誰かに仕事を任せることで、全体が回っていく。そうした仕組みをつくることが継続的なビジネスには必要です。

どんなに頑張っても1日は24時間、1年は365日です。「自分ががんばればいい」という発想だと、時間給×1しか収入は増えません。

日本の所得金額階級別世帯数を見ると、年収1000万円以上の人は、全体のわずか10%です。

これは、その他大勢の9割の人たちと同じ発想や行動をしていては、いつまでたっても年収1000万円には到達しない、という現実を示唆しているようにみえます。

時間給の発想からは見えない、全く別の世界があることを知ってほしいのです。

『金持ち父さん、貧乏父さん』がベストセラーになった、アメリカの投資家ロバート・キヨサキ氏による、「キャッシュフロー・クワドラント」はご存知でしょうか？（『金持ち父さんのキャッシュフロー・クワドラント』に所収）

簡単に説明すると、収入源の違いから、人々の属性を「自営業」「従業員」「経営者」「投資家」の4つに分けたマトリクスです。

マトリクスでは、収入源によって大きく「左側の世界」「右側の世界」に分類されます。

- **左側の世界＝自ら働き続けなければ収入が得られない世界＝自営業・従業員**
- **右側の世界＝自ら働かなくても収入が得られる世界＝経営者・投資家**

キャッシュフロー・クワドラント

・お金の流れに着目した職種の4区分

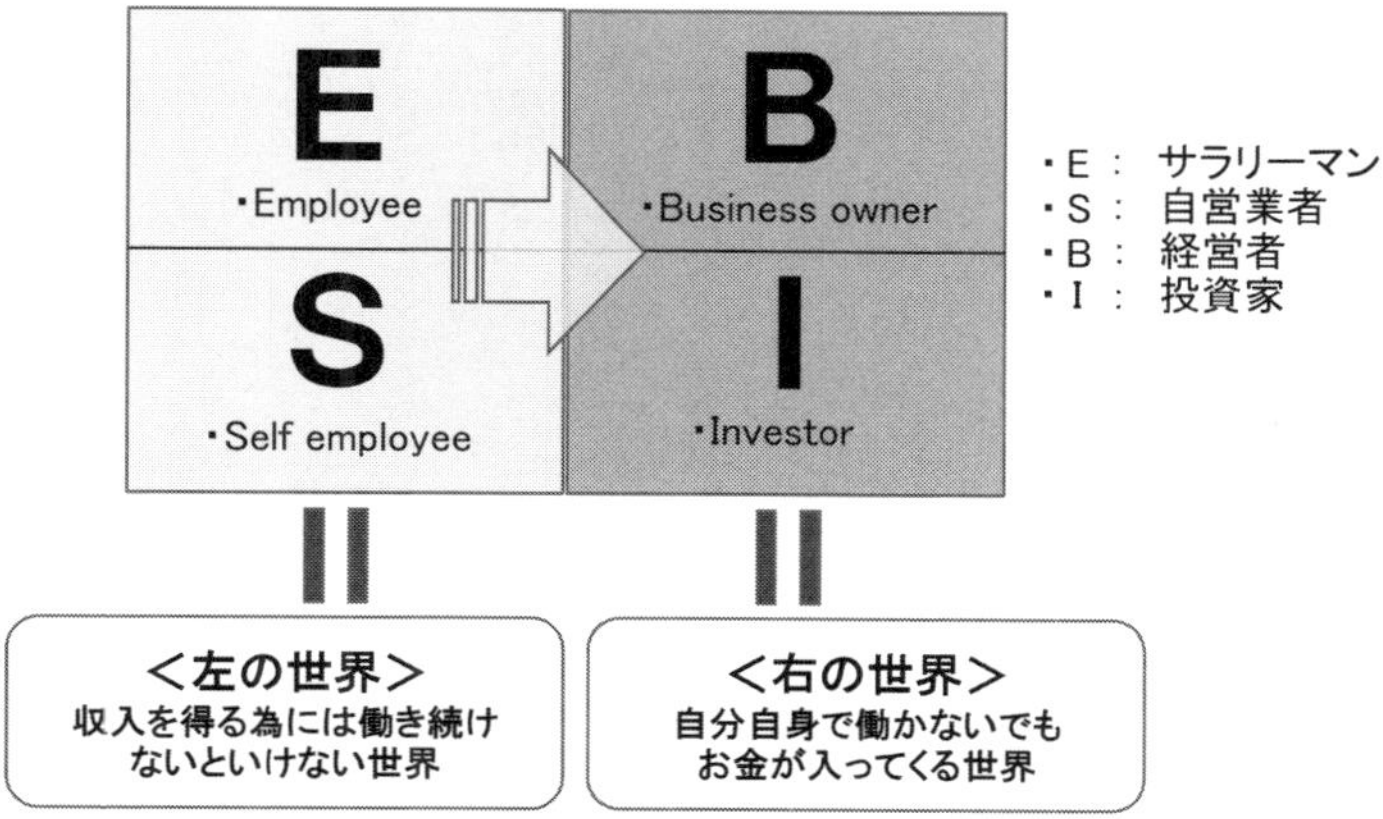

引用：金持ち父さんのキャッシュフロー・クワドラント

⇒ 私たちは、右を目指すべき

ロバート・キヨサキ氏は著書の中で、左側の世界（自営業者・従業員）から右側の世界（経営者・投資家）にシフトしましょう、と呼びかけています。

左側の世界は、自分が働いて収入を得る、という職種です。自営業でも会社員でも、「自分が働く」以上、変わりありません。

右側の世界とは、自分が働かなくても収入が得られる職種です。

しっかりと認識してもらいたいのは、大企業の社長であっても実は雇われ社長です。ビジネスオーナーではありません。あなたが今の会社で頑張って上り詰めたところで決して右側の世界に行くことはかなわないのです。

また、左側の世界で働いている人によくあることですが、本業の収入では足りず土日にバイトを入れようか？　などの話はよく聞きます。果たしてこの選択は正しいのでしょうか？　安易な選択は複業の落とし穴にハマりかねません。では、どうすべきでしょうか？

別の切り口で考えてみたいと思います。ご存知の通り、仕事のこなし方（タスクの処理の仕方）は、次の3タイプに分けることができます。

①シングルプレーヤー⇓時間給、残業で増やす⇓すぐ頭打ち
②マルチプレーヤー⇓時間給の足し算⇓時間と労働力は有限⇓いずれ頭打ち
③コーディネーター⇓人（金、仕組み）に任せる⇓仕組み化して増やすことが可能
⇓時間、肉体的に余裕が生まれる

①②は、左側の世界、①はサラリー一つ、②は副業掛け持ち、③は、右側の世界。

いわゆる〝プレーヤー〟から〝コーディネーター〟へのマインドシフトが必要です。

投資も同じです。「自分が身を粉にして働く」という発想を超えて、「お金に働かせる」という発想をもつことです。

以上の点からも私たちは右側を目指すべきですが、では、経営者と投資家のどちらを目指すべきなのでしょうか？

結論をいえば、サラリーマンが目指すべきは、投資家です。

なぜならば、経営者になるには、リーダーシップやビジネスセンスなど、様々な資質や責任が求められるため、一般人がいきなりできる職種ではないからです。

投資家も同じように難しい職種と思われがちですが、実は、投資には最低限の知識とや

り方さえわかれば誰にでも簡単にできる手法もたくさんあります。

また、先にも述べたように、会社員や公務員が唯一、公にできる複業です。

なによりも、投資は経営と違って空いた時間に片手間で行うことができるので、まさに、サラリーマンにこそ向いているのです。

なお、参考ですが、世界的に見ても、成功している実業家で、投資をしていない人は皆無です。それくらい投資と成功は切っても切れない関係なのです。ですので、あなたがもし成功を望むならば投資はマストと考えてください。

投資家思考というマインドセットをもとう！

「サラリーマン思考＝雇われる側の思考、と経営者思考＝雇う側の思考は別ものだ」という話は様々なところでされているので、ご存知の方も多いと思います。

ところで、本書で私がとくに強調したいのは、「投資家思考」という考え方です。

投資家思考と経営者思考も、実は全く別物です。

これは、たくさんの優れた経営者の方々と接してきた中で導いた私なりの結論です。

実際に、どれだけお金を稼ぐスーパー経営者であっても、投資家思考がない方がおられます。お金を稼ぐスペシャリストでもお金を殖やす＝資産を運用することが、苦手な人がいるのです。人や物を動かす能力はものすごくあるのに、お金を動かすことが全くできないのです。

こういった人は、「お金は無くなれば、また稼げばいい」というマインドセットをもっています。

そのマインドセットはビジネスを行う上では高い実績を出す強烈な原動力となるのは事実です。しかし、「また稼げばいい」というマインドセットそのものが、投資においては足かせとなります。投資の基本は「お金に働かせる」ことにあります。そのため、まったく別のマインドセットになります。

日本の多くのサラリーマンや経営者は、優秀な人であっても、この「投資家思考」をもっていません。

それは高度経済成長の中でサラリーマンでいれば右肩上がりで収入が増えた時代が長く続いたため、本来必要なマネーリテラシー教育をなおざりにして、学校も会社も教えてくれなかったからなのです。

そして、確かに高度経済成長期までの日本であれば、言われたとおりに従順に働くマインドセットによって、皆が豊かになることができたでしょう。しかし、現代はその常識そのものが変わってしまったのは、これまで述べてきたとおりです。

少し話が変わりますが、２０１５年7月に、ギリシャがＩＭＦ（国際通貨基金）への債務不履行（デフォルト）となって話題になりました。

ただ、ギリシャという国はいまだにつぶれていません。ギリシャのツィプラス首相もいまだにその地位にいます。日本のマスコミは、ツィプラス首相のことをあまり良いイメージでは報じていません（当然のことですが）。

それではなぜ、ギリシャはつぶれず、ツィプラス首相はその座にとどまっていられるのか？

それは、ＩＭＦがあまりに多額の融資をしているため、ギリシャをつぶすにつぶせないわけです。ギリシャが国家破綻したなら、今度はＥＵ（欧州連合）全体に経済危機が広がってしまいます。ツィプラス首相はそれをわかっているから、強気の態度に出られるわけです。こういった内情は一般的にあまり表には出てきません。

ところが、国際社会にはそのギリシャよりも借金をしている国があるのです。

それは何を隠そう……わが日本なのです！

ギリシャの借金はＧＤＰ比率でいうと約１７７％。

いっぽう、日本の借金はＧＤＰ比率でいうと、約２５０％にも達します。

「ギリシャが危ない」と報じるのであれば、その前に、日本がどれだけ危ない状態かをもっと報じなければなりません。

ところが、実際はそういった〝都合の悪い〟報道はほとんどされていません（様々な背景の違う二国を単純に比較してはいけないかもしれませんが）。わたしたちは、日本政府やマスコミがすべて正しい情報を発信しているという思い込みはもたないほうが賢明でしょう。

いずれにしても、日本の政府やマスコミは、国民が今まで通りの常識に基づいて行動してくれることを望んでいます。それは仕方のないことでしょう。

しかし、真面目に働いた揚句、老後破産する、なんてこれ以上ない不幸な人生だと私は思うのです。

あなたと、あなたの大切な人を守る手段――それが「投資」です。

次章からは、その具体的な方法について触れていきます。

コラム　等々力秀の投資遍歴①

ここで、私自身が投資を始めるに至ったきっかけについて、少し振り返ってみます。

発端は、大学生のときでした。親の勧めで、とくに意識もしないままに、毎月の小遣いの中から一部を使わずに少しずつ積立投資をするようになりました。

この積立投資自体は、そんなに大きなリターンを生んだわけではありませんが、私の心の中に「毎月、一定の額を積み立てていくだけで、けっこうな金額になるんだな」というイメージが漠然と生まれました。

ときは流れて、私は某一流企業のエンジニアとしてバリバリ働いていました。若いうちから、開発チーム、生産部門、海外勤務など、サラリーマンとして様々な経験をさせてもらい、充実した日々を送っていました。

順風満帆で人生これから、と思っていた矢先、両親が相次いで他界しました。

同時に、最愛の家族も心労で倒れてしまい、私の人生の土台が大きく揺るがされたのです。

いままで理想としていた人生は、本当に正しかったのだろうか？

人生の目的とは何か？

「いざ」というときに、最愛の家族を守ることができるのだろうか？

さまざまな考えが頭をよぎり、悩む日々が続きました。精神的にも、非常に追い詰められていた時期でありました。

そんなときに出会ったのが、先にも少しふれた、ロバート・キヨサキ氏の『金持ち父さん、貧乏父さん』という本でした。

今まで自分の常識では見えなかった世界があることを知り、その魅力が頭を離れなくなっていったのです。

そこで、視野を広げるために様々なセミナーを受講するようになります。

あるときには、フランチャイズ経営のセミナーも聞いてみました。「一国一城の主」といえば聞こえはいいですが、朝から晩まで働かなければいけないことには変わりありません。

「雇われ店長ならサラリーマンと一緒だ。時間も体力も限られるサラリーマンがやるなら右側（ビジネスオーナーか投資家）であるべき」

こう思ったときに、ふと小さい頃の記憶がよみがえってきました。

子どもの頃、近所に、働かないで旅行ばかり行って遊んで暮らしている夫婦がいたのです。

「あそこは、配当金で遊んで暮らしているのよ」

と近所の人が言っているのを聞きました。

幼心に、「すごい世界があるんだな〜」と思ったのです。

さて、両親が亡くなったことで、実家のアパートが空きました。

そこで私は、「大家さんもビジネスオーナーだ」と思い、このチャンスにアパート経営を始めることにしました。

ノウハウも何もない中で、2年ほど悪戦苦闘しながら、会社員の傍らアパートの大家として何とかやっていけるようになりました。

そこから少しずつ、お金に対するマインドセットが自分の中で確立していきました。

「会社員として働きながら、貯まったお金を投資して増やしていこう」

というマインドセットになったのです。

最初のころはいろいろなものに手を出しました。

株式投資にも手を出しました。正しい手法を教えてくれる講師にも出会うことができましたが、株式投資は非常に難しいのです。正しい情報、正しい手法を教わってもそう簡単に、勝てるものではありません。先に述べたように、サーフィンと同じで「センス」が重要な世界でした。

「トレードは、本業を続けながら片手間にできるものではないな」

そう思っていた矢先、会社で確定拠出型年金に関するレクチャーを受ける機会がありました。

社員全員が受けるセミナーでしたが、私は「これだ!」とひらめくものがありました。

レクチャーを受けて企業年金には申し込みましたが、それだけでは満足できず、同じことを自分でやってみよう、と思い立ったのです。

それが、私が投資信託を始めたきっかけでした。

リスクが怖いので手堅く、でも増えていく実感がほしい。

そう思って、「グローバル・ソブリン・オープン」を中心に購入しました。これは、先進国の信用力の高いソブリン債を主要投資先にする投資信託商品です。

アパート経営で得た資金もどんどんグローバルソブリンにあてていくと、みるみるうちに増えていきます。

「これはすごい！」

そう思って、もっとハイリターンを狙える商品の購入も始めました。

日本株も上がり調子だったので、株式型の投資信託もかなりの金額、購入しました。こちらも増えていきますから、投資を始めたばかりの私は有頂天でした。

ところが2008年9月――リーマン・ショックが起こります。

世界中の投資家と同様に、私も保有するほぼすべての銘柄で含み損を抱える結果となったのです。

天国から地獄へ突き落とされた瞬間です。

「やっぱり、投資なんかやるもんじゃなかった」

と、一時は心が折れそうになりました。

けれども、ここで負けたまま引き下がるのは嫌でした。

「もう一度、リベンジしてやる！」

そう闘志を燃やして、どうすれば再起できるか、必死に考えたのです。


（2章終わりのコラムにつづく）

第2章

サラリーマンが手を出してはいけない投資とは？

投資にはリスクがあるのではないか？

さて、第1章では、「今すぐ投資を始めなければならない理由」について、様々な角度から述べてきました。

しかし、そうはいっても、みなさんなかなか投資に踏み切れないのではないでしょうか？

「私も投資でしっかりお金を稼いでみたいな」

「でも、素人が投資に手を出して財産を失ったという話も聞くし……。やっぱり怖いなあ。私には無理じゃないかな」

そう考える人も多いでしょう。

以前、私は投資のセミナーで投資の魅力やテクニックばかり強調していましたが、非常に高い満足度評価をいただくものの、セミナー後に実際に投資を始める方は、ほんのひと握り程度でした。

このことについて、なぜみんな投資を始めてくれないのだろう？　と長い間悩みました。そして丁寧に聞き取りを続けているうちにある結論に達しました。それは、投資詐欺やハイリスク商品への強引な勧誘といった被害話ばかり聞かされているうちに人々の心に「投資は怖い」という強いマインドブロックが植え付けられているということでした。

マスコミの偏見に満ちたプロパガンダ（？）のせいで、せっかく投資の必要性を理解したものの、「投資は怖い」という強いマインドブロックが、もう一歩を踏み出すことを躊躇させるのでしょう。「投資が怖い」最大の理由は、〝無知〟が原因です。正しい知識こそが近道です。

このことに気づいてからは、マインドブロックを解くことに意識を集中するようになりました。正しい投資の知識を伝えることで、お陰で最近は安心して投資を始める人が増えてきました。

「投資が怖い」というイメージのもう一つの原因として、あなたの身近に投資をしている、投資で成功しているという人がほとんどいないということがあるのではないでしょうか？

では、実際のところどうなのでしょうか？

ひとつ、興味深い数字を紹介しましょう。

・**投資……90%**
・**ビジネス……75%**

これは何の数字かわかりますか?

正解は「負け組」の割合です。

個人投資家の90%が赤字、そして新規事業者の75%が5年以内に倒産しているのです。

この数字をどうとらえるかは人それぞれでしょう。

起業してビジネスを立ち上げるというのは、かなりハードルが高いチャレンジですよね。

しかし起業するよりも、投資で黒字をキープする方が難しいのです。

証券マンも銀行員も教えてくれませんが、投資とは本来そういう厳しい世界なのです。

ビジネスよりも厳しい数字となっている背景には、無知なまま「一攫千金《いっかく》」という甘いささやきに負け、マインドブロックを気合で乗り越えた先に潜んでいる「安易に稼げそう」という人間心理と「お金さえ出せば誰でもできる」という仕組みの簡単さという落とし穴が潜んでいます。投資そのものは、資金さえあれば誰にでもできます。事実、株であってもFXであってもお金さえ出せば、プロと同じマーケットで何の資格もなく投資を始めることができます。

しかし、投資で勝つためには、投資に対する正しいマインドセットが必要です。基礎となるマインドセットができていないと、資産を増やすどころか一瞬で負債を抱えてしまいます。

基本をないがしろにして小手先の技術や見よう見まねで投資を始める人は、かならず痛い目に遭います。

では、残り10％に入ることは素人にはムリなのか？　……実は、正しいやり方とマインドセットを身につければ、決して難しいことではありません。実際に私の塾生の方はまったくの初心者から始めて3カ月でちゃんと独り立ちしています。

「怖いから」というだけで投資に挑戦しないのは、もったいないだけでなく、もはや自分自身や家族を守ることもできません。正しい知識と技術をもって投資を行えば、素人でも「安全」に、かつ「堅実」に稼ぐことができる！　ということを、本章でこのあとしっかりと解説していきますから、安心してください。

投資をギャンブルにしないために押さえておきたい「投資の3つの基礎」

投資家として一定の成功を収めてから、様々な分野で活躍されている方々とお会いする機会が増えました。経営者の方にも多数お会いします。

中には、

「私も投資をしていますよ！」

と言って、ご自身の投資体験談をお話ししてくださる方もいます。いろいろご自身の投資談をお話ししてくれる人がいます。意識の高い人とお話しすることが多いからなのか、意外とたくさんの人が何かしらの投資をしていることに、びっくりしています。

ただ、気になる点もあります。

皆さんのお話を聞くと、ＦＸや株式投資、また海外投資など、比較的リスキーな投資対象に手を出している方がけっこう多いのです。

これは私からすれば、かなりハードルが高い手法なので、よくいきなりそんな手法に飛びついたな！ってびっくりするのですが、いずれにしてもそのような人が少なからずいます。

しかも、よくよくお話を聞いていくと、投資の基礎を学ばずに、実績もない友人に勧められてとか、雑誌やネットの情報だけを見て、「負けなし！」「月利○○％！」などという宣伝文句に乗っかるように、なんとなく投資してしまっている人が非常に多いのです。

私はかなり堅実な運用をしてきたので、そうした人たちの投資のやり方や姿勢を聞くと、まるで「投機（ギャンブル）」だと思います。

投資には、最低限の押さえておくべきルールがあり、自分なりの意志を持ってやるべき行為です。

ルールも知らず、意志もなくやるのでは、それはもはや「投資」ではなく、「投機」なのです。

投資を必要以上に恐れることはありません。しかし、押さえておかねばならないルールは存在するのです。

せっかく始めた投資が、「投機」にならないように、最低限知っておきたい「投資に対するマインドセット」を説明します。

さて、投資に対するマインドセットは、次の3点がとくに重要です。

①資産を管理する
②リスクを管理する
③投資スタイルを決める

この章では、3点のマインドセットについて順次解説をしていきます。

資産を3つに分けて管理する

投資をするときに、最初に心がけるべき点は、

「資産を分ける」

ということです。ここでの資産とは預貯金を含めた金融資産と思ってください。

具体的には、あなたの家計（財布）を次の3つに分類します。

①生活口座：普通預金
②保険口座：定期預金、保険
③運用口座：運用口座

この3つの口座には、全財産のおよそ3分の1ずつバランスよく配分されているのが理

想です。

それぞれの口座は明確に目的が違います。

あえて「口座」と書いたのは、用途別に口座（通帳）を分けておかないと、「気がついたら一つの口座で違う用途のお金を使っていた」という事態になるからです。

そのため、必ず口座を分けて管理することを心がけましょう。

では3つの口座の用途について説明します。

①生活口座：生活に絶対必要なお金です。住居費、光熱費、食事代などです。もちろんですが、どれだけ投資を熱心にやろうとも、生活資金は絶対に確保してください。
このお金を確保しておけば、仮に失敗しても、「生活の破綻」「自己破産」といった最悪の事態から身を守ることができます。※生活口座のお金の管理方法については、前章の「お金を管理する力」の項目を参考にしてください。

②保険口座：イザというときの備えになるお金です。いわばバッファー（緩衝材）にな

るお金です。生活していると、いろいろ突発的な出費があります。冠婚葬祭や、盆暮れの帰省費用、病気やけがなどの治療費、ときには自己啓発のための費用などが、これに当たります。

保険口座のお金は、日常的には使用しませんが、使用するときにはまとまった金額が必要なことが多いので、積立式の定期預金にしておくといいでしょう。生活口座とは別枠に位置していますが、イザというときにはすぐ準備できる状態にあることが望ましいです。

③運用口座：投資にあてる資金です。生活資金と、イザというときのお金を確保したうえで、残りのお金を投資にあてます。「万一ゼロになっても、生活できる」というお金です。

投資に回していいのはこの運用口座のお金だけ、すなわち、全資産の3分の1まで、という鉄則を忘れないでください。ただし、本当にゼロになってしまったら投資を続けることができません。運用資金を守るために「リスク分散」という方法がありますので次項で説明します。

繰り返しになりますが、投資をするときに注意すべきもっとも大切な心得は、「資産を分けて管理する」という考えです。

最大の目的は、投資で失敗したときに、あなたが自己破産したり、そこまでいかなくても家計が窮地に陥らないようにすることです。

投資には失敗がつきものです。

どんなに優秀なプロのトレーダーでも、相場の暴落をあらかじめ予測するのは不可能です。

それが現実なのに、世間には聞き心地のよい宣伝文句があふれています。

「短期間に200%の利益が出ます！」

「投資額を2年以内に回収できます！」

「あなただけにとっておきの投資先をお教えします！」

などといった甘い言葉に乗せられて、全財産をつぎこんでしまう人が後を絶ちません。

リスクがあるからこそ、リターンがあるのです。失敗を通じて投資を学んでいくのです。

安心して投資をするためにも、投資は余裕資金で行いましょう。

「投資に回していいのは資産の3分の1まで」

これが合言葉です。

リスクを下げるための3大原則

次に、投資のリスク管理について説明します。

まず、投資の世界で定義される「リスク」という言葉の定義ですが、一般的な意味とは少々異なります。

投資の世界のリスクとは、

「投資（元本）に対するリターンのブレ幅」

という意味で用いられます。

ブレ幅は、プラスに振れることもあれば、マイナスに振れることもあります。基本的にはプラスとマイナスで同じだけの振れ幅があると考えます。

この定義を踏まえると、「リスク管理」とは、「資産が変動する因子を、自ら対処可能な範囲内に収めること」と言い換えることができます。

投資の世界ではよく、「リスクが大きい／小さい」といったことが話題になります。

「リスクが大きい」とは、ブレ幅が大きいので大きなプラス（リターン）が期待できる半面、大きくマイナスになることもある、ということです。

「リスクが小さい」とは、ブレ幅が小さいので大きくマイナスする危険性は少ないですが、その半面、大きなプラスも期待できない、ということです。

この大原則を理解することが、投資で失敗しないための必要条件です。

リスク管理に関する有名な格言に、次のようなものがあります。

「一つのカゴにすべての卵を乗せるな」

一つのカゴにすべての卵を乗せてしまうと、そのカゴを落としてしまえば、すべての卵が割れてしまいます。複数のカゴに分散して卵を乗せておけば、たとえ一つのカゴを落としたとしても、他のカゴの卵は無事ですから、被害は最小限ですむのです。

さて、投資の世界におけるリスク分散には、次の3つの原則があります。

①長期投資（時間の分散）＝目先の細かい値動き、急騰や急落などに惑わされず、長期

スパンでのトレンドを捉えることです。短期で見ると価格の変動が激しく見えるものでも、長期でみれば、大きな上昇トレンドに乗っていたりします。大きなトレンドを見つけその波に乗ることで、リスクを下げていく方法です。

②継続投資（タイミングの分散）＝資金を分割して断続的・継続的に購入すると、平均価格を下げることができます。底値で買って高値で売れれば一番よいのですが、それはプロでも難しい技です。いつどこで発生するかわからないピークを狙うのではなく、タイミングを分散することでリスクを下げていく方法です。

③分散投資（銘柄の分散）＝一点買いや同じ値動きの商品のみを購入すると、相場の変動次第ではすべての財産を失ってしまいます。値動きの違う商品を組み合わせることでバランスをとり、リスクを下げていく方法です。

このように、リスクを、時間・タイミング・銘柄の３つの観点から分散することが投資における大原則なのです。

投資の成功法則～時間を味方につける

「リスクを分散する」というと、多くの人は「銘柄の分散」を思い浮かべるかもしれません。

もちろん、「銘柄の分散」も大切ですが、投資で成功する人は、必ずと言っていいほど「時間の分散」と「タイミングの分散」を意識的に実践しています。

それは「時間を味方につける」ことにつながります。

投資は、確立統計の世界なので一言でいえば「長い時間やればプラスになる」のです。

投資で継続的に成功している人は、数カ月で稼げるような短期的な商品にはあまり手を出しません。数年から十数年の単位で、地道に、長期的に投資をやっているのです。もちろん理論的に正しいやり方という大前提の上ですが、そのことを意識できていれば、株でもＦＸでもしっかり稼ぐことができます。

時間を味方につける方法のひとつとして「ドル・コスト平均法」という有名な投資手法があるので紹介します。

ドル・コスト平均法とは、「Aという金融商品を、毎月3万円ずつ購入する」といった形で、一定の金額で定期的に金融商品を購入する手法です。

定期的に購入し続けるのですが、「毎月○株」ではなく、「毎月○万円」と金額を一定にしているところがポイントです。いわゆる「積立投資」もこの方法に属します。

金融商品はタイミングによって金額が上下します。しかし、毎月の購入金額を一定にすることで、商品が値上がりしているときは口数を少なく、値下がりしているときは口数を多く購入することができます。自動的に、購入価格の平準化を行うことができるのです。

金融商品の価格が下がったときに、むしろ得をする方法といえるでしょう。もちろん、価格が下がりっぱなしだと損をしてしまいますが、まともな金融商品であれば、価格が下がり続けることは考えられません。数年から十数年、続けていれば、必ず利益が出る仕組みになっています。

これが「時間を味方につける」ということです。

いずれにしても、リスク管理のためには投資先を分散するだけでは不十分です。個人レベルで投資先を分散するといっても、せいぜい3~4個の金融商品に分散するのが精いっぱいでしょう。そのすべてが下落してしまうというリスクはつきまとうのです。

投資先を分散するだけでなく、購入するタイミングを分散することで、さらなるリスク管理が可能になることを覚えておいてください。

仮に投資に使える資金が50万円あったなら、金融商品を一度に50万円分購入するのではなく、5万円ずつ10回に分けて購入する、といった方法をとるようにしましょう。

リスクを下げるための3大原則

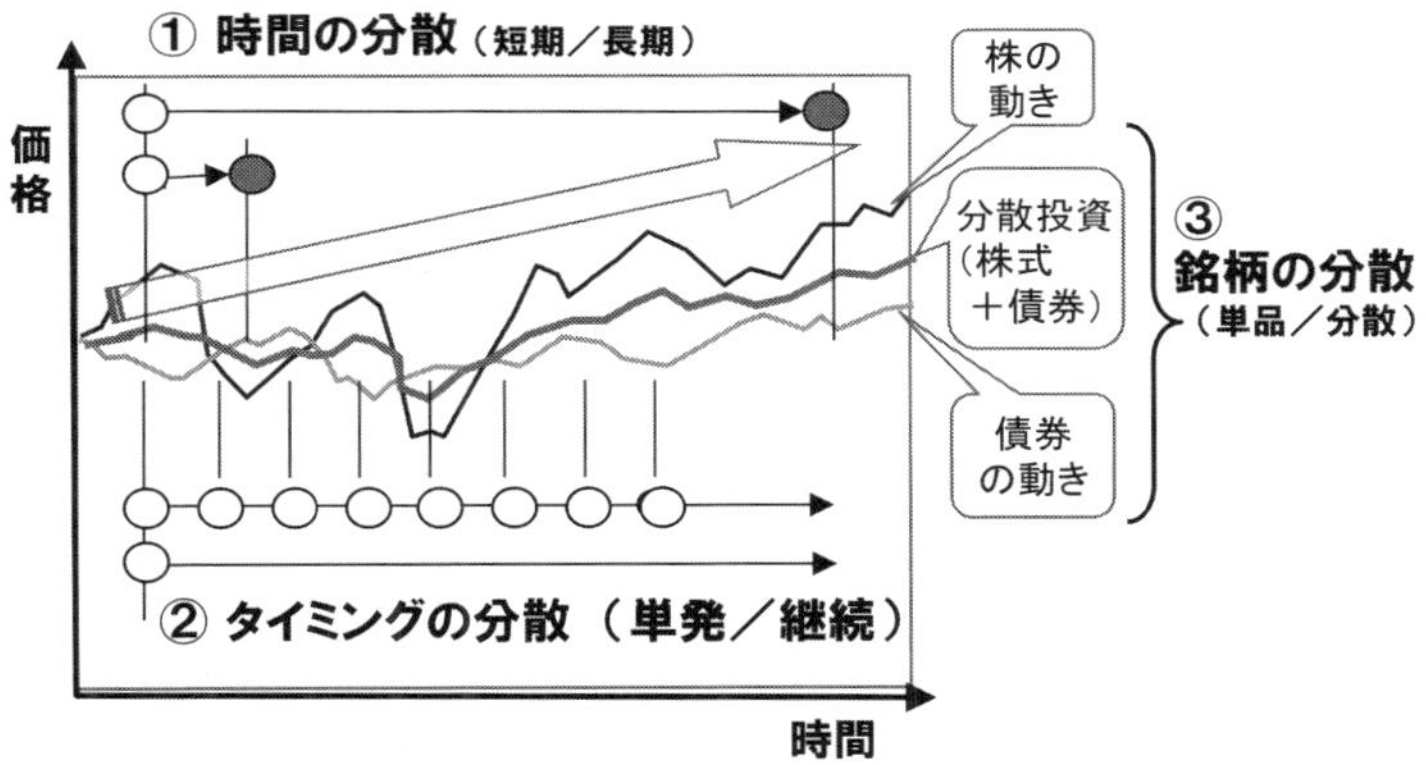

お金の殖やし方、基本のキ「資本収益」と「配当収入」を意識しよう

もう一つ、覚えておいてほしい大事な点は、投資によってお金を殖やすときの収益形態についてです。

収益形態には大きく分けて、次の2つがあります。

①キャピタルゲイン（Capital Gain／値上がり益）

キャピタルゲインとは、金融商品の評価額の値上がりによる収益です。

株や債券、土地家屋の評価額の上昇に伴う利得などがこれに当たります。

たとえば、700円で買った株が1000円に値上がりすれば、300円の利益が得ら

れる、といった具合です。

キャピタルゲインの特徴は、次のような点です。

・1トレード（取引）につき1決済。

・商品を売却して、はじめて損益が確定します（持ち続けている間は得も損もなし）。

・評価額によっては、マイナス（減益）も起こりえます。

②インカムゲイン（Income Gain／配当収入）

インカムゲインとは、利息や配当など、資産をもっていることで生まれる権利収入のことです。

有価証券の配当金、定期預金の利息、不動産の家賃収入などがこれに当たります。

たとえば、アパートを所有していて、その部屋を人に貸していれば、毎月、借主から家賃が何万円か振り込まれてきます。

インカムゲインの特徴は、次のような点です。

・権利収入なので、自動的に収入が得られます。

・キャピタルゲインと違って、基本的にマイナスになることはありません。

・資産を保有している限り、継続して収入があります。

そして、意外に意識している人が少ないのですが、どんな金融商品にも、キャピタルゲインとインカムゲインの両面があります。

・株＝株価評価額差益（キャピタルゲイン）×株主配当（インカムゲイン）
・債券＝債券評価額差益（キャピタルゲイン）×利息（インカムゲイン）
・不動産＝物件評価額差益（キャピタルゲイン）×家賃（インカムゲイン）

金融商品を見る際には、キャピタルゲインとインカムゲインの両面から判断しなければいけません。ちなみに個人的な意見ですが、ザクッというと一般的に前者は短期利益を、後者は長期利益として捉えることが多いです。

不労所得の醍醐味＝インカムゲイン（配当収入）をもとう

それでは私たちは、資本収益と配当収入、どちらを重視して投資をすべきなのでしょうか。

それを考えるために、一つ問題を出したいと思います。

あなたは、次にあげるAとBの2つの商品、どちらに投資しますか？　どちらも情報は100％確実という前提でお考えください。

- **A：投資額1000万円、1カ月後に100万円値上がりする株式投資**
- **B：投資額1000万円、毎月30万円ずつ配当がある国債**

さあ、あなたはどちらを購入しますか？

投資商品を比較検討する際に、よく金利（年利）で比較を行います。

では、AとB、それぞれの商品についてのリターンを年利で換算してみましょう。

まずAは、1カ月で100万円の値上がりですから、年間にすると100×12＝1200万円の収益が得られるという計算になりますから、年利は1200÷1000＝120％となります。

いっぽうBは、毎月30万円の収入があるので、年間にすると30×12＝360万円の収入があります。年利は360÷1000＝36％となります。

整理するとAの年利は120％、Bの年利は36％です。

すると、Aに投資するのが正解なのでしょうか？


私の考える正解は、Bです。

たしかに年利だけをみると圧倒的にAが優れています。

しかし、Aは株式なので1カ月後に1回限りの収益です（買値と売値の差額決済）。実際に120％の年利を得ようとするなら、同じ取引を12回繰り返さなければなりません。

Bは一度商品を購入すれば、あとは何もしなくても毎月30万円が入ってくるので「ほったらかしで」年利36％を実現することができます。

ここは非常に重要なポイントです。

一般的に、キャピタルゲイン狙いでの投資は、インカムゲイン狙いの投資に比べて、大きな収益が見込まれます。

しかし、必ず収益が得られるとは限らず、時には損失がでる場合もあります。将来、その金融商品の評価額が上がるか下がるかは、（予想ができるにせよ）誰にもわかりません。また、売却して利益を得た後は、再び次の商品を購入しなければいけません。取引を繰り返すということは、それだけ労働時間が発生するということです。

株式投資やＦＸのデイトレーダーが、毎日朝から晩までパソコンの前に張り付いて取引を繰り返しているのがいい例でしょう。キャピタルゲイン狙いの投資は、投資と言いながらも、労働収入に近い実態があるのです。

インカムゲインは、一度、その商品を購入すれば、あとは取引をする必要もなく、自動的に収入が発生します。まさに「ほったらかし」で収入が得られ、その間、あなたは本業の会社での仕事に精を出していればいいのです。

繰り返しますが、私たちが狙うべきはインカムゲインです。

資産を持ち続けている限り、安定して収入があり続けるのがインカムゲインです。資産が、あなたに代わり利益を生み続ける、不労所得の醍醐味を享受できるのです。

投資の世界を3つのグループに束ねてみよう！

ここまでは、投資に対するリスク管理や心構えについてお伝えしてきました。では、実際にどのようなものに投資をすればよいのでしょうか。

ひと口に投資といっても、様々な種類の商品があります。主なものを列挙してみます。

・株式投資
・債券
・リート（REIT、不動産投資信託）
・FX
・デリバティブ（商品先物やオプション、スワップなどの金融派生商品）
・コモディティ（金などの現物商品）

・会員権（ゴルフ会員権など）
・不動産投資　　……etc.

このようにたくさんの種類がある投資商品の中から、どれを選んで購入すればよいかは、非常に悩ましい問題です。ここで、購入にあたっての判断基準を提示したいと思います。

商品は様々な切り口で分類できるのですが、もっとも重要な「リスク」と「リターン」の視点で見てみると、3つのグループに分けられます。

・第1群：小リスク・小リターンのゾーン
・第2群：中リスク・中リターンのゾーン
・第3群：高リスク・高リターンのゾーン

それぞれのカテゴリーについて説明します。

・第1群：ここに属する主な商品としては、預貯金、定期預金などがあります。

■投資商品と
リスク＆リターン

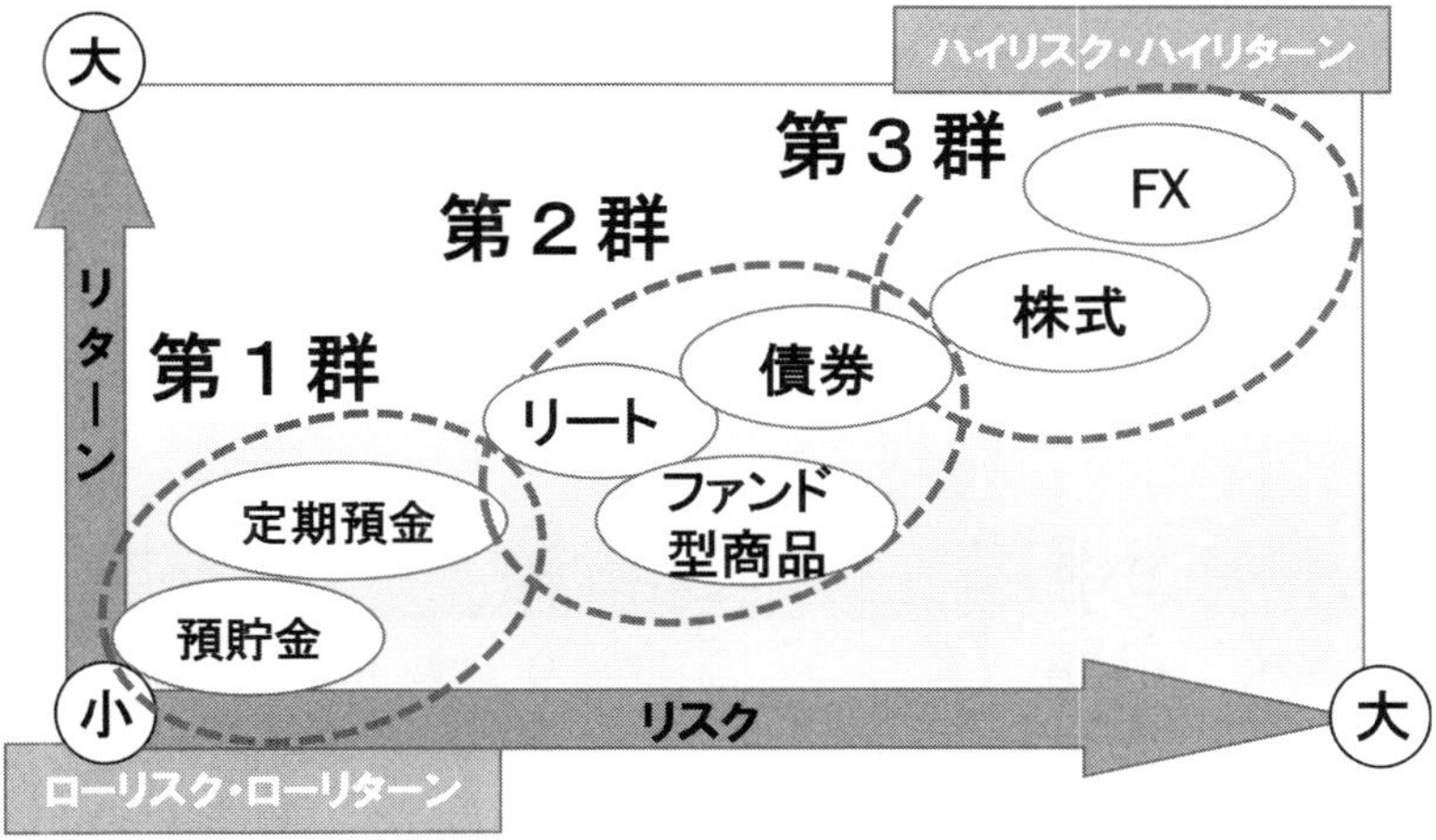

図は一般的な順序を示したもので、諸条件により各資産間のリスク・リターン特性は変動します。

このゾーンは、価格変動が少なく比較的に安定した商品が多いので資産を減らしたくない人に人気です。というよりも、投資をやらない人がこのゾーンにいる、と言った方が現実に即しているかもしれません。ほとんど利息がつきませんから、何も行動しないのと同じことなのです。

・第2群：この群での主な商品としては、債券、リート、ファンド型投資商品（投資信託など）などがあります。

このゾーンは、第1群の次に、比較的安定しているといえます。特徴としては、配当収入タイプの商品が多く、大きなリターンはない代わりに、収益も安定しています。

・第3群：主な商品としては、FXや株式投資などがあります。

ハイリスクな商品群で、ボラティリティ（価格の変動幅）が大きいのが特徴です。このゾーンの商品は、キャピタルゲインによる値上がり益ねらいの商品が多いです。メディア等で頻繁にとりあげられるので、注目している人も多いでしょう。大きなリターンが見込めるため参入する人も多いですが、失敗する人も多いのがこのゾーンなのです。

あなたの投資のスタイルは？

いきなり「投資のスタイル？」というと聞き慣れないかもしれませんが、一言でいうと「投資の運用方針を決める」ことです。

のちほど事例を紹介しますが、投資の途中で何をしてるのかわからなくなる人が多いため、塾生が迷子にならないように私の経験を体系付けて整理したものです。前節までに紹介した知識を組み合わせれば、簡単に作れるのでぜひ覚えてみてください。

数々の投資商品が、リスクとリターンの観点から、3つのグループに大別できることがわかったと思います。

また、収益形態からキャピタルゲインとインカムゲインの2つの分類を説明しています。

これらの分類を基に、あなたにはどのような投資のスタイルが適切なのか、考えていきましょう。

自分の投資のスタイルを決めることはきわめて重要です。多数の商品と情報が氾濫する中で、自身の投資ルールを決めて守る（そのルールにそって運用する）ことが、長期的に見て、大きな損失を避けることになるからです。

もしも投資ルールを決めずに、その時々の感情や雰囲気に流されて資産運用をするとしたら、それは地図もガイドもないままに知らない国を旅するようなものだと言えるでしょう。

資産は増えるどころか、一瞬で損失する危険性があります。

では、〝投資のスタイル〟とはどのように決めたらよいのでしょうか？

次のようなモデルに基づいて考えるとよいでしょう。

・①投資種類（リスク）×②収益形態×③決済頻度

①の投資種類：メインとなる投資商品（軸）を決定します。株式投資、FX、債券、リート、デリバティブ、預貯金……等々の中から戦う軸を、それぞれの特徴を十分考慮の上、知識・経験値、リスクとリターンの観点から選びます。

②の収益形態：キャピタルゲイン狙いか、インカムゲイン狙いかどちらで主たる収益を取っていくかです。働き方のポリシーを決定するようなものです。

③の決済頻度：その商品をどのくらいのスパン（期間）で売買するかです。同じ投資商品でも売買のスパン（期間）の取り方で性質が大きく変わってくるので注意が必要です。デイトレード（1日）、スキャルピング（数秒）、スイングトレード（数日）、ポジション（数週間～数カ月）、長期保有（数年、毎月配当）などに分けられます。ご自身のスキルや投資の売買にどの程度の時間を費やせるのかによって判断するべきでしょう。

これらの観点から投資スタイルを決めていくのですが、投資で失敗する人は、このスタイルを守れないケースがほとんどです。

例を挙げてみましょう。

・失敗事例①：自身の投資のルールを決めずに始めたケース。

Aさんは、株で儲けている友人Bさんが「○○の株で儲けているけど、まだまだ半年くらいはいけるよ！」の言葉に影響され、「儲かっているBさんが言うのだから間違いないだろう」と、さして研究もせずに○○株を1000株購入した。ところが、1カ月後にその株は暴落してしまった。

失敗の要因→友人Bさんの投資スタイルはデイトレードでした。Aさんはそれを確認せず、ただ同じ銘柄を購入しただけだったので、売買のタイミングを見誤ってしまったのです。そもそも投資スタイルを決めずに、「友人がやっているから」と同じ銘柄を買うだけでは、成功しないのは当然です。

この場合、2人の投資スタイルは次のようになります。

Aさん：株式投資×キャピタルゲイン×ポジション（1カ月）

Bさん：株式投資×キャピタルゲイン×デイトレード（1日）

決済頻度のズレが、Aさんの損失につながってしまったのです。

・失敗事例②：決めたルールに従って運用しなかったケース。

Cさんは、債券の配当収入目的で、外国国債を購入。しばらくは順調に配当を受け取っていました。

しかしあるとき、世界的に株が大きく下がった影響でその国の国債価格も下がり、一時的に元本割れを起こしたので、恐ろしくなってあわてて手放してしまったのです。いわゆる「狼狽《ろうばい》売り」と言われるやつです。

失敗の要因↓Cさんの元々の投資ルールは、インカムゲイン（配当収入）目的だったはずですが、キャピタルゲインによる値上がり益狙いに変わってしまいました。国債価格の一時的な低下であわてて手放してしまった結果、損失を出す結果となってしまったのです。

この場合、Cさんの投資スタイルは次のように変化しました。

当初のスタイル：債券×インカムゲイン×毎月配当

実際の行動：債券×キャピタルゲイン×ポジション

国債価格が元本割れしても、毎月の配当収入が入ってくるのであれば、しばらく我慢していてもよかったところでしょう。ところが、収益形態に対する視点がインカムゲインからキャピタルゲインへと目移りしてしまったために、元本割れによって狼狽売りしてしまったのです。

代表的な失敗のパターンを2つ挙げてみました。投資の世界で、長期にわたって継続的に収益を上げ続けるには、自分自身のスタイルを決めて、しっかりと守ることが大切です。

市場の変化に一喜一憂せずに取り組むことが何よりも重要だということを覚えておいてください。

ねらい目!! 素人が知らない投資の「穴場」がある

それではあなたにお勧めの投資スタイルについていっしょに考えていきましょう。

復習を兼ねてもう一度、リスクとリターンによる投資商品の3分類に注目してみましょう。

・第1群：小リスク・小リターンのゾーン（預貯金、定期預金など）
・第2群：中リスク・中リターンのゾーン（債券、リート、ファンド型投資商品〈投資信託など〉）
・第3群：高リスク・高リターンのゾーン（株式、ＦＸなど）

こうして並べてみると、第1群と第3群に比べて、「第2群」のイメージが湧きにくいのではないでしょうか？

見わたすと、ウェブサイトやマネー雑誌を賑わしているのは、株やＦＸなどの第３群ですし、主婦向け雑誌やまじめなお金系の本は、コツコツ型、預貯金などの第１群ばかり扱います。こういったメディア戦略の影響か、おそらく投資の素人の方々は、この第２群の存在を「知らない」でしょうし、聞いたことがあったとしても（株やＦＸに比べてメディアで）主役として取り上げられることが少ないため、第２群の投資を「やらない」のです。

しかし実は、この第2群こそ狙い目なのです！


第1群の投資は、ローリスクですがローリターン（ほぼノーリターン）ですから、何の投資もしていないも同然です。結果としてあなたの人生は何も変わりません。定期預金金利が０・０２５％という現在、下手をするとインフレ率が利息率を上回る可能性もあります。つまり、第1群だけにとどまっていると、資産価値はどんどん目減りする危険があるのです。

「投資をしよう」と思った多くの人が飛びつくのが第3群です。第3群の投資は、ハイリスクでハイリターンですが、そのリターンを得られる人はごくわずかです。本章の冒頭で書いたように、90％の人が負けて損失を被ってしまう、非常にシビアな戦場です。

さらにいえば、株式投資にしてもFXにしても、毎日毎日、値動きに神経をとがらせながら売買を繰り返さなければいけません。時間も労力もかかります。専業のトレーダーでなければ、参入は難しい分野です。言い換えれば、準備もなく参入してくる素人を、カモにしようとプロの機関投資家たちが待ち構えている、怖ろしい世界です。

では、第2群とは、どういった世界なのでしょう。

第2群の投資には、具体的には債券やリート、ファンド型投資商品などといった商品などがあります。

第1群と第3群の中間に位置する、第2群の投資には次のようなメリットがあります。

・リスクはそれほど高くない
・インカムゲイン（配当）型の商品が主流
・リターンはそれほど高くないが比較的安定している

言い換えるとちょうど第1群と第3群の両方の良いとこ取りをしたような次のようなメ

リットがあります。

・長期的視野で収益性が見込める
・安定的に収益を生み続ける
・「ほったらかし」投資に最適である

このメリットこそが、私が投資の穴場というゆえんなのです。

実は、富裕層とよばれる人たちは、この第2群のゾーンで手堅く着実に莫大な資産形成をしているのです。この第2群で投資して成功している人は意外に多いのですが、特に素人や初心者はまったくといっていいほど参入していません。金融資産を持っている人の僅か5・6%でしかありません（2013年金融広報中央委員会まとめ資料より）。

実は私も、この第2群を中心とした投資によって、サラリーマンをやりながら不労所得の仕組みを作ることに成功した一人です。

様々な投資を経験してきた私なりの結論を言いますと、この第2群こそ素人が知らない投資の「穴場」であり、読者のみなさんがぜひ取り組むべき領域です。

最大のメリットは、ある程度の利益が見込まれるうえに比較的安定していることです。おまけにインカムゲイン中心の商品が多くそろっているため、長期的視野に立って資産運用をするにはぴったりなのです。

繰り返しになりますが、本当にやるべき投資は、「長期的視野」で、「安定的」に、しかも「ほったらかし」で収益を生み続けることが可能な第2群のゾーンなのです。

人類最大の発見「複利パワー」の威力

第2群の投資商品は、資産を持ち続けている限り安定的に収益を生むインカムゲインであることはすでに述べました。

実はもう一つ、第2群の投資商品の大きなメリットがあります。

それは、「複利収入」ということです。インカムゲインの商品に秘められた本当のメリットは、この「複利収入」にあります。

あの天才物理学者アインシュタインが「人類最大の発明」とまで言った、「複利パワー」について説明しましょう。

金利には、「単利」と「複利」があります。

「単利」とは、当初の元本のみに利息がつく計算方法です。配当（利息）が出るたびに受け取る場合（配当金受け取り型運用）がこれにあたります。具体的にみてみましょう。

仮に、1000万円を年利10％で単利運用したと考えてみましょう。

・1年目：元本1000万円＋利息100万円＝1100万円
・2年目：元本1000万円＋利息200万円（100×2）＝1200万円
・3年目：元本1000万円＋利息300万円（100×3）＝1300万円
・4年目：元本1000万円＋利息400万円（100×4）＝1400万円
…
・10年目：元本1000万円＋利息1000万円（100×10）＝2000万円

このように、元本の1000万円は変わらず、毎年100万円の利息分のみが加算されていくことになります。

いっぽう「複利」では、運用期間中に発生する利息が、元本に繰り入れられます。それが新しい元本となり再投資され、新たに利息が計算されます。再投資により元本が増え、利息が利息を生んでいく形になり、より大きなインカムゲインが期待できるのです。いわば、「お金がお金を生む状態」となり、投資を行う場合には大変有益です。

先のケースと同じ1000万円を年利10％で、今度は複利で運用した場合を考えてみましょう。

・**1年目：元本1000万円＋利息100万円＝1100万円**
・**2年目：元本1100万円＋利息110万円＝1210万円**
・**3年目：元本1210万円＋利息121万円＝1331万円**
・**4年目：元本1331万円＋利息133・1万円＝1464・1万円**
…
・**10年目：元本2356万円＋利息235万円＝2593万円**

単利で運用したときと比べて、4年で約64万円、複利運用のほうが儲かっているのがわかります。運用年数が長くなるにつれて、雪だるま式に複利パワーは増大していきます。

ちなみに、この例のように1000万円を年利10％で複利運用した場合、10年後には⇒2593万円にまで増える計算になります。約2・6倍です。単利の場合だと10年後は2000万円ですので、なんと600万円近い差が生じます。

年利15％で複利運用すれば、なんと4046万円、4倍になるのです！　このように具体的な数字で見ることで、いかに「複利」のパワーがものすごいか！　をご理解いただけ

複利収入の事例

アインシュタインも驚いた？
これが複利収入のパワーのすごさだ！

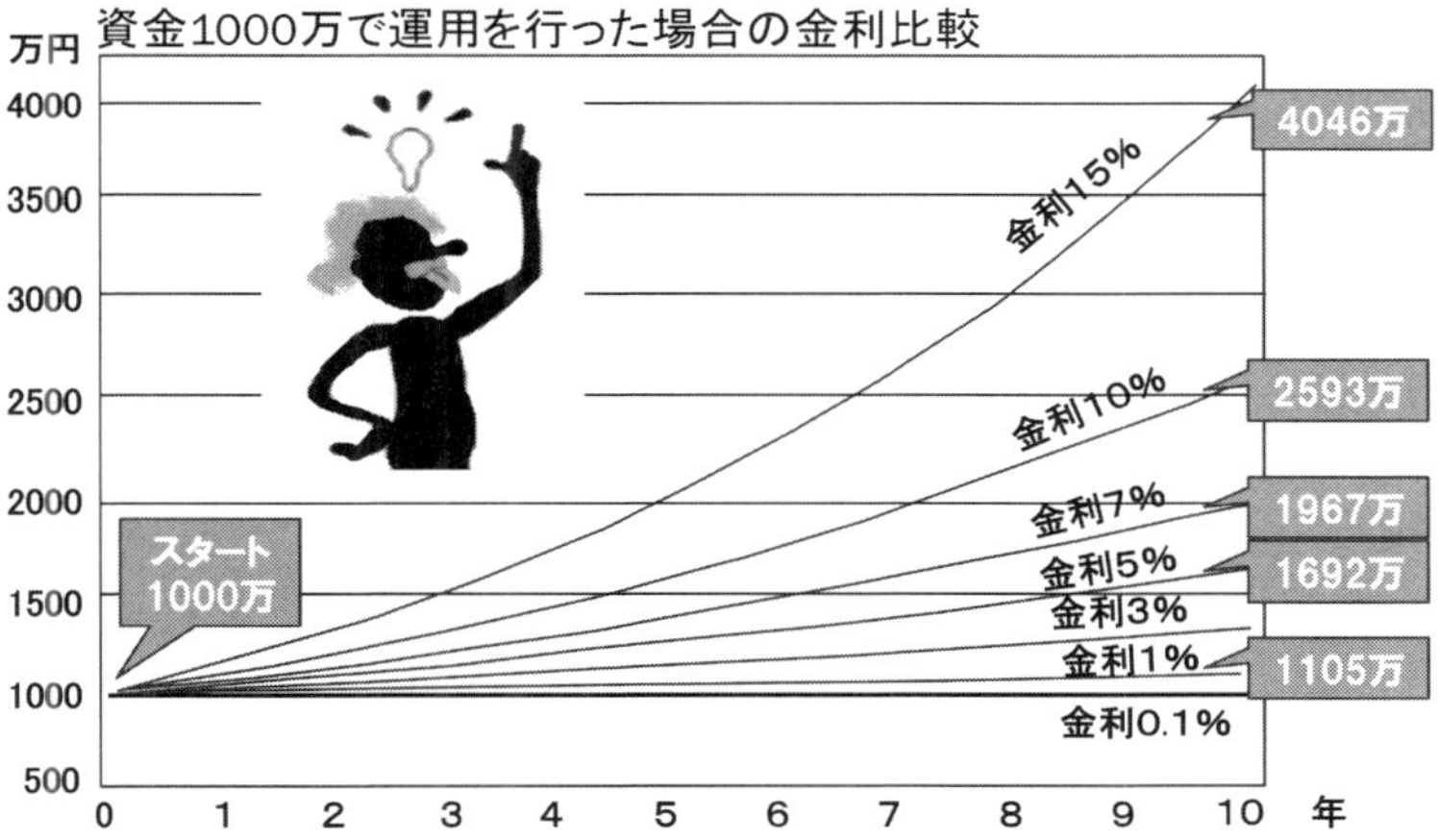

たと思います。

第2群を代表するファンド型投資商品の中には配当型タイプのものが充実しており計算例で示したように年利10％を超える商品もたくさんあります。私自身も、第2群で年利20％の商品を運用して成果をあげた実績もあります。後の章でくわしく説明しますが、それらの商品は、限られた人にしか買えない特別な商品ではありません。証券会社で誰でも買うことができます（その方法も後で解説します）。

皆さんが知らないだけで、実はそのような投資商品は存在するのです。知らずにやりすごすには、あまりにもったいないと思いませんか？

次章では、ファンド型投資商品とは実際にどういう仕組みの商品で、どんなメリットがあるのか、さらに具体的に解説していきます。

コラム　等々力秀の投資遍歴②

2008年のリーマン・ショックで地獄につき落とされた私は、再起をはかるべく、もう一度、投資を勉強しなおそうと決意しました。

手持ちの金融資産はすべて含み損を抱えているという、絶望的な状態です。

しかし、自分のポートフォリオを落ち着いてよく吟味してみると、同じように評価額が下がっていても、その中身に違いがあることに気がつきました。

それが本章で説明した、キャピタルゲインとインカムゲインの違いだったのです。

株式投資のようにキャピタルゲインで値上がり益を狙った商品は、株価が下がって、含み損を抱えるだけでした。

一方、グローバル・ソブリン・オープンのように、インカムゲインによって毎月配当金をもらっている商品は、評価額が下がった後も毎月毎月配当金が出続けていて、口座にお金が着実に殖え続けていたのです。まるで家賃収入の様です。

投資の世界は、一寸先は闇です。リーマン・ショックでそれを思い知らされました。この不安定な世の中で、「毎月確実にお金が入ってくる」という事実が、どれほど心のよりどころとなったか。私はこのときにインカムゲインのありがたさを実感し、同時にこの道を究めようと思ったのでした。

そこで、いったん手持ちの資産をすべて売却、損切りして、ゼロから再スタートしました。

インカムゲイン狙いの配当型商品を中心に、利回りの高い外国債などを購入していきました。これから伸びていくであろう新興国市場の商品も積極的に購入しました。ＢＲＩＣＳ諸国の債券なども購入。ブラジルの国債を購入したときには、ブラジルリラと日本円との為替差益も加わって、さらに利回りの高い運用ができました。

そして、リーマン・ショックからわずか半年後には、損失もすべてリカバリーしていました。

この頃に、インカムゲインに利回りの高い外国債券を組み合わせる、私の投資スタイルが固まってきたのです。

（この辺りのノウハウは、第4章で解説します）

インカムゲインの商品は、毎月確実に配当があります。通帳に入金が印字されているのを見るのは、まるで給料日が何回もあるようで、投資のモチベーションをアップさせるのにもってこいでした。

株式投資のように、いつも市場に張り付いてハラハラドキドキしながら、「いつ買おうか、いつ売ろうか」と神経をとがらせる必要もありません。

現在も私は、不動産経営と株式投資もやっていますが、投資信託による配当収入がメインの柱であることに変わりありません。配当収入が最も楽で、安心の投資方法だと確信しています。

第3章

サラリーマンに最適な投資＝プロまかせのらくちん投資術

富裕層の投資法は、理に適っていてサラリーマンにうってつけ!?

前章で、投資で成功している人は全体のたった10％で、残りの90％の人は負けている、という事実を紹介しました。

「よし、俺はその10％の勝者になってやる！」

と、意気込んで投資の勉強をするのもいいでしょう。

しかし、読者の皆様の多くは、平日は会社の仕事に追われ、休日は家族サービスにいそしみ、忙しい毎日を送っていらっしゃることでしょう

いったい、いつ投資の勉強をすればよいのでしょうか？

さらに、付け焼き刃で勉強したところで、投資のプロはそれこそ24時間３６５日、市場を研究する生活を、何十年と送ってきているのです。

あなたがよっぽど投資の才能に恵まれた天才でなければ、そうしたプロたちに勝てるわけがありません。

ならば逆転の発想で初めから、プロに運用を任せてしまえばよいのです。

私は自分の投資手法が確立しある程度成果を出すようになってから、富裕層の方々と接する機会が増えました。彼らをよく観察したり話を聞いているうちに、ある事実に気がついたのです。

「自らトレードしている人は一人もいない」

そう、自分では投資をやらず、プロにすべて任せているのです。

「投資に対する考え方」が私たち庶民とまるっきり違っているのです。

私たち一般庶民はすべて自分自身でやろうとします。額に汗して稼いだ大切なお金なので、一円たりとも損したくないし、詐欺にあうなんてまっぴらなので当たり前ですよね。だから株やFXなどのプロが手ぐすね引いて待っている戦場にでも自分自身で出向いていくのです。ところが、富裕層の考え方は非常にシンプルで合理的です。「お金を殖やすのが目的なのだから、その道のプロに任せよう」という発想です。

富裕層の考え方は、非常にシンプルで徹底しています。すなわちこの考え方は、前章でも説明した「自動化」の考えそのものです。

目的はあくまで結果を出す＝資産を増やすこと。その目的を最短で達成するために時間よりも効率を最優先すべきことを理解しています。時間とは「労力」、すなわち自分自身が額に汗して働くこと、効率とは「その道のプロに任せる」ことです。

この考え方は非常に理に適《かな》っているため、とても参考になりました。そう、自分であくせく取引をしたり、市場の勉強をしたりするよりも、プロに任せてしまうのです。そのほうが楽ですし、素人が投資するよりプロの方が勝率もいいのですから、非常に合理的な選択といえます。何より、難しいこと一切をプロに任せることで時間とこころにゆとりが生まれます。その分、本業のビジネスに思いっきり専念することができ、ますます本業で成果が上がるというプラス効果まで得られます。

しかし日本では、投資というと株式投資やＦＸに手を出す人が多いのです。

これまで述べてきたように、株式投資やＦＸに手を出した人の、90％が失敗しています。

プロ集団が命がけで戦っている戦場に、素人が何の準備も戦略も戦術もなく丸腰で飛び込んでも、負けるのは当たり前なのです。実にシビアな世界です。

また、不労所得の代表格ともいえる不動産投資ですが、こちらは多額の初期費用が必要となります。すでに資産を築いた方か多額の融資を受けることができる（ローンが組める人）にしか手を出せません。

結局のところ株もFXも不動産も初心者には非常に敷居の高い世界なのです。すべて経験し結果を出してきた中での結論です。

では、初心者には夢も希望もないのか？　……その答えは「否」です。

本章の冒頭で述べたように、本当の富裕層は、「自分で投資をしていない」という事実があります。正確にいえば、投資はしていますが、「自分で取引をしていない」のです。

取引は「労働」ですから、それはお金を払って専門家に依頼すればいいのです。その方が勝率も高いし、費用対効果もいい。非常に合理的な考え方です。

そんな富裕層の投資方法を、少ない資金から始められるのが「ファンド型投資商品」です。

プロまかせの投資術とは?

第2章で述べた、素人が知らない投資の「穴場」――それが中リスク・中リターンの「第2群」でした。

インカムゲイン重視の商品が豊富にそろっていて、長期的視野に立って、安定的に、かつ「ほったらかし」で資産形成をする。そんな、サラリーマンにぴったりの商品が、「ファンド型投資商品」です。

本章では、ファンド型投資商品とはどのようなものなのか、説明していきます。

そもそもファンドとは、もともとは「基金」や「運用資金」のことを広く指す用語です。投資の世界におけるファンドという言葉は、「集団投資スキーム」の意味でつかわれることが多いです。

つまり、投資をするときに、たくさんの投資家からお金を集めてまとまった額で投資・運用をし、実績に応じて運用益などの一部を投資家に還元するという仕組み（スキーム）のことを指すのです。

分解すると、こういうことになります。

①投資家（あなた）からお金を集めてひとつの「ファンド」にまとめます。
②まとめたお金を投資のプロ（ファンドマネージャーなど）が金融市場で運用します。
③運用の結果、生まれた利益を分配金として投資家に還元します。

この①〜③を繰り返すことで、投資家に利益をもたらす仕組みが「ファンド」なのです。つまり、投資のプロが、あなたに代わって資産を運用してくれるので、あなたは、お金を預けるだけでよいのです。投資に詳しくなくても誰でも参加でき、あとはプロにまかせておけばよい、とってもらくちんな投資手法です。

プロがあなたのお金を運用している間、あなたは本業の仕事をがんばるもよし、家族との時間を過ごすもよし、趣味に没頭するもよし、好きなように時間をつかっていればよい

■ ファンド型投資商品とは

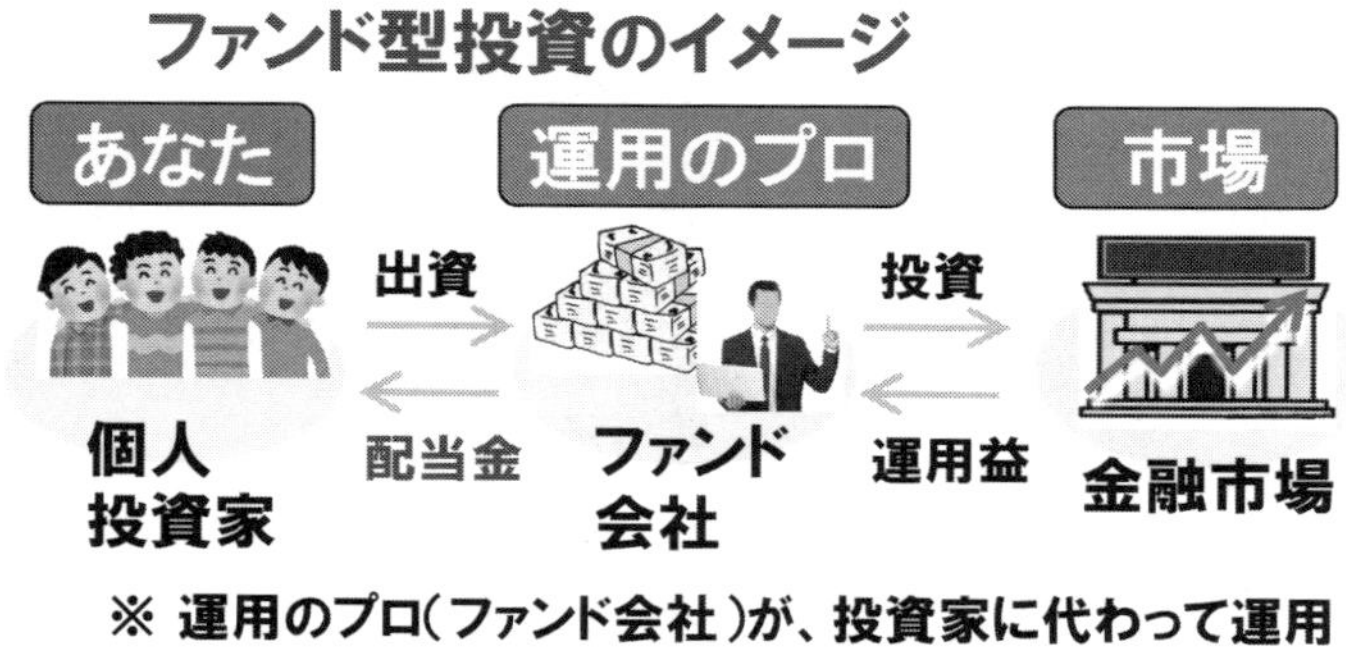

ファンドマネージャーという投資のプロがあなたに代わって運用してくれるので、あなたは、お金を預けるだけでよく、投資に詳しくなくても誰でも参加でき、何もすることなく安心してプロに任せることができるので、とってもらくちんな投資手法です。

のです。

プロに任せることで、実は様々なメリットが生じます。次項からその魅力についてわかりやすく紹介したいと思います。

プロまかせの投資法にはどのような種類があるのか？

さて、プロにまかせる投資としてファンド型投資商品を紹介しましたが、理解を深めるためにファンドについてもう少しお話ししたいと思います。では、具体的にファンドにはどういったものがあるのでしょうか？

ファンドは大まかには、次のような種類に分類されます。

・投資型ファンド：金融商品に投資するもの（投資信託、ヘッジファンドなど）
・事業型ファンド：特定の事業に投資するもの
・商品ファンド：貴金属や農産物などの商品先物。あるいは、通貨、金利、債券などの金融先物に運用するもの

このように、投資信託以外にも、様々なファンドがあります。コンテンツ制作やIT（情報技術）事業、イベント等の資金を集めるためのファンド、ミュージックファンド、ラーメンファンド、ワインファンドなど、いろいろなタイプの「ファンド」が販売されています。

たとえば「ミュージックファンド」は、投資家から集めたお金をもとに、アーティストがCDを制作します。そのCDが売れた収益を、投資家に配分するのです。

また「ワインファンド」も有名です。投資家から集めた資金でワインを買い付け、数年～十数年の間、保管して熟成させます。そしてワインの価格が上昇したところで売却し、収益を配分する仕組みです。

日本国内だけでなく、富裕層に人気の海外のファンド（オフショアファンド）もあります。

とくに、オフショア地域（非居住者に対して租税環境を優遇している国または地域）で運用している商品などは、富裕層に非常に人気です。代表的なオフショア地域には、香港、シンガポール、マカオ、ドバイ、それにケイマン諸島などがあります。そうした地域には優秀なファンド運用会社とファンドマネージャーが集まってきています。世界中の富裕層たちが、そうしたオフショア地域のファンドに投資して、資産を増やしているのです。

こうしたオフショア地域で運用するファンドは、公募ではなく私募で資金調達するヘッジファンドが主ですので、投資初心者にはハードルが高すぎると感じるかもしれませんが、近年の国内の異常な低金利を背景に一般投資家の方の参入も盛んに見られ、関連本も多数出ているようです

プロに任せられるという意味で大変魅力的ですが、その一方で、他人に運用を任せる点で信頼できる投資先を選ぶ必要があるといえるでしょう。

結局、おススメの投資法はなに？

では、多種多様なファンド型投資商品の中から、初心者は、何を基準に安心できる商品を選べばよいのでしょうか？

その答えは「投資信託」です。

さて、投資信託もファンド型投資商品の一種であり、次のように説明できます。

「投資家から集めたお金をひとつの大きな資金としてまとめ、運用の専門家が株式や債券などに投資・運用する商品で、その運用成果が投資家それぞれの投資額に応じて分配される仕組みの金融商品」（一般社団法人投資信託協会のホームページより）

・投資家からお金を集めて投資信託にまとめて大きなお金にする

・ファンドマネージャーが運用して、市場からの運用益を投資家に分配金として還元する

という仕組みについては、先にご説明したファンドの図式と変わりありません。

さらに投資信託とは、ファンドのなかでも「投資信託及び投資法人に関する法律（投信法）」に基づいて、行政の監督を受けた投資信託委託事業者によって運用されている商品を指します。この法的基準を満たしていないものは投資信託を名乗れませんので、そうした法的裏付けによる信頼感があるファンドといえます。

「投資信託＝ファンド」のように解説しているケースもあったりしますが、これまで述べてきたように「ファンド」は、投資信託以外の金融商品についても指す場合があります。投資信託も投資信託以外のファンドも、みなさんのお金を集めいろいろなものに投資するという意味では同じものですが、その監督体制に大きな違いがあるのです。

投資信託は行政の監督を受けた投資信託委託業者によって、厳正な管理の下で運営されている金融商品なのです。

一方、後述しますが、ファンドにはそのような監督体制がないため、運用元が怪しかったり、そもそも詐欺まがいの商品だったりというトラブルも発生します。

投資家と専門家（ファンドマネージャー）の間に情報量や能力の差があるため、ともすれば投資家の利益が犠牲になる危険性があるのです。

投資信託は大きな意味では「ファンド」のひとつですが、みなさんが安心して投資できるよう行政によってしっかり管理された、安心できる商品といえます。

これだけある！メリットだらけの優れた投資法

様々な投資手法があるなかで、投資信託をお勧めするのは、次のようなメリットがあるからです。

①投資の詳しい知識は不要

資金の運用は、信託報酬を払った上でプロのファンドマネージャーに行ってもらいます。そのため、私たちは銀行の定期預金に預けるのと同じ感覚で運用できるのです。

極端な話、投資に関する知識が一切なくても、運用ができるのです。

株式投資やＦＸでは、そうはいきません。投資のプロと、ガチンコで勝負しなければいけないのです。だからこそ、90％の人が損失を被る結果になるのです。

プロとのガチンコ勝負をせずに、投資ができる。これはサラリーマンのように本業をもっている人が最小限の知識と労力で行える副業として最大のメリットではないでしょうか。

②手続きも簡単

取引のためには専用の口座が必要ですが、銀行の窓口で一般口座をつくるレベルで簡単に作れます。また、購入手続きも、銀行の定期預金レベルの簡単な手続きで済みます。

買付などの取引も、銀行窓口やネットバンキングからボタン一つで、簡単に行えます。初心者でも買いやすく、わかりやすいように極力簡素化されていますので、たいへんハードルの低い投資になっています。

③少額から参加できる

一般的には10000円から購入可能ですが、商品によっては1000円から購入可能なものもあります。また、積立タイプの商品も多数ありますので、毎月の給料から天引きで積み立てることも簡単にできます。月に数千円~10000円程度であれば、食費を節約したり、お小遣いをまわしたりして、工面できる金額ではないでしょうか。

少額から参加できるというのも、大きなメリットです。

「お金が貯まってから投資をしよう」と思っていても、なかなかお金は貯まるものではありません。

第1章でも述べたように、投資は「まず始めてみる」ことが大事です。後の項目で詳しく説明しますが、株式投資や不動産投資に比べて、きわめて少額からスタートできるのが投資信託のメリットです。

投資信託なら、初心者がいろいろと試しながら、少額で気楽に参加できます。投資の入り口としてはもってこいの商品です。

④スケールメリットの恩恵を受けられる。

投資信託は、複数の投資家から集めた多額のお金を、一つにまとめてファンドとして運用します。

多額の資金を運用するため、個人投資家では手が出せないような商品にも投資できるのです。たとえば、テナントビルなどの大型不動産や、ヘッジファンド、海外の金融商品などです。

「お金は、お金のあるところに集まる」と言いますが、資金が大きくなると、その分、利回りの良い商品に安定的な投資ができるようになります。

多額の資金が集まるからこそ、優良な商品を扱えるのです。

投資信託以外で、個人が多額の投資商品を扱おうとすると、FXでレバレッジをかけるとか、株式投資で信用取引をするとか、あるいはローンを組んで不動産投資をするなど、いずれもリスクをともなうものばかりです。

そういうリスクを負わなくても、個人が投資するには敷居が高い、大きな金額の商品へも投資ができます。

⑤分散投資によるリスク軽減

一つの信託商品でも、複数の金融商品、複数のリスクテイクを組み入れて運用するのが普通です。そのため、一つの商品内で、分散投資によるリスク軽減が図られているのです。

これが株式投資であれば、いくら分散投資をしようとしても、個人の資金には限界があります。投資初心者であれば、せいぜい2~3社程度の株に分散できれば上出来でしょう。

それでは、分散投資によるリスク軽減としては、はなはだ心もとないのが現実です。

投資信託の場合、分散の方法は、投資国を分散したり、商品タイプ(株式、債券、リート）を分散したり、通貨を分散したり（ドル建て、ペソ建てなど）と様々な方法が可能です。

一つの商品を購入しても、実際にはかなりのリスク分散をしているのと同じ効果になり、結果的に安定的な運用ができます。

⑥継続投資、積立投資が可能

投資信託の場合、購入した後は、基本的には預けっぱなしで何もする必要がありません。そのため、サラリーマンが働きながら長期で投資をするのには最適です。

また先に触れたように、積立タイプの商品も多数ありますので、毎月少しずつ無理なく投資していくことも可能です。この方法なら、手元にまとまった資金が無くてもスタートが可能です。まさに初めて投資する人にはうってつけのストレスの一番少ない方法と言えます。たとえば毎月の給料から1万円ずつ天引きして積み立てたり、あるいは年2回のボーナスの一部を積み立てに回すなど、それぞれのライフスタイルにあわせて、楽しみながらコツコツと資産形成していくことも可能です。

このように、自分にあった投資のスタイルがいろいろ自由に選べるのが投資信託の魅力と言えるでしょう。

デメリットはほとんどない

前節で紹介したとおり投資信託には、たくさんのメリットがあります。いっぽう、投資信託のデメリットにはどのようなものがあるのでしょうか。

実は、他の金融商品と比べるとデメリットは非常に少なく、あえてデメリットとしてあげるまでのものはないのです。

ですが、強いてあげるとすると、次の3点のデメリットがありますので、たしかに注意は必要です。

①手数料（コスト）が必要

投資信託は、プロの投資信託会社に運用を委託しますので、その分の手数料がかかります。

手数料には次の3つがあります。

- **販売手数料：購入する際に、数％の販売手数料がかかります。数は少ないですが、手数料ゼロという商品もありますが、基本的にはどんな商品でも販売手数料がかかります。**
- **信託報酬：運用するファンドマネージャーと、管理する信託会社への運用報酬です。こちらも数％かかります。実際には、運用益から差し引かれますので、投資家が直接支払う必要はありません。（隠れたコストとして知っておくと良いでしょう）**
- **売却手数料：「利益が上がったので売却しよう」とすると、売却するときに手数料がかかります。これも数％程度ですが、なかには手数料ゼロの商品もあります。**

投資信託を敬遠する意見として多いのは、「手数料がかかる」ということです。

確かに、信託報酬は、株やＦＸでは不要です。しかし、忙しいあなたに代わって運用のプロがすべてを運用管理してくれる労力を考えると、大変リーズナブルではないでしょうか。

いずれにしても、手数料は証券会社や商品によって異なりますので、実際に購入する場合は各商品の販売資料をよく確認したうえで購入するようにしましょう。

②元本割れのリスク

投資信託は、定期預金並みの手軽さで購入できるのがメリットです。

しかし、定期預金と違って、あくまでも原価保証のない金融商品です。

種々の要因によって基準価額は変動します。あくまでも原価保証のない金融商品であるのでそのリスクは認識したうえで購入する必要があります。

ただ、ＦＸのようにレバレッジをかけたり、株式投資の信用取引などとは違いますので、当初の元本が仮にゼロになったとしても、マイナスになることはありません。

また、メリットの項目で述べたように、一つの商品の中で分散投資によるリスク軽減をしているので、株式投資やＦＸのような急激な変動は少ないと考えていいでしょう。

つまり元本割れといっても即、破産などにつながるリスクは極めて少ないため初心者でも安心して取り組めます。

③その他の種々のリスク（変動要素）

投資信託にも、その他にも一般的な投資商品と同様のリスクは存在します。代表的なものを紹介しておきますので参考にしてください。

大まかには、市場リスク、信用リスク、その他のリスクがあります。

・市場リスク：簡単に言うと市場での基準価額変動のリスクです。さらに大別すると価格変動リスクと為替変動リスクがあります。

価格変動リスクとは、市場の影響を受けて価格が変動するリスクのことです、国内外の政治経済の情勢や、金融政策等の影響で公社債の価格が下落すると、その債券を組み入れている投資信託の基準価額も下落する要因になります。

為替変動リスクとは、外貨建資産の円換算価格が、為替変動により変動するリスクのことです。日本円を海外の通貨で運用していた場合、対日本円の為替変動により円換算での評価額が変動するリスク。

・信用リスク：公社債は、発行体の財務状態、経営、業績等の悪化、また外部評価の悪化などによって、価格が下落することがあります。ときには、発行体の倒産や債務不履行

などによって、公社債の価値がなくなることもあります。そうすると、公社債を組み入れている投資信託の基準価額が下落する場合があります。

・その他のリスク：カントリーリスクや流動性リスクがあります。

カントリーリスクとは、一般的に先進主要国以外の国では、経済基盤が脆弱なため、国内外の政治経済情勢の変動に影響を受けやすいことがあります。そのため公社債など有価証券の価格が大きく変動し、投資信託の基準価額もその影響で下落するケースがあることをいいます。

流動性リスクとは、国内外の政治経済情勢の急激な変化や天災地変などにより、有価証券等の取引量が著しく減少すると、投資信託の基準価額が大きく下落することもあります。また、売買ができなかったり、想定外に不利な価格での売買となるケースもあります。

投資信託のデメリットは以上です。

メリットやデメリットについては、実際に投資を始める前は実感としてわからないことがほとんどです。投資をやりながら勉強していけばいいでしょう。

詳しい知識がなくても始められるのが投資信託のメリットですから、始める前から過度にデメリットを気にする必要はありません。

読んでみておわかりかと思いますが、これらは投資信託だけのデメリットではなく、他のすべての金融商品にあてはまるデメリットです。特別に投資信託だけのデメリットというものは存在しないともいえます。

そのため投資信託は、そのメリットとデメリットを比較すると、非常に優れた商品であるといえます。

他の投資手法と比較してみよう
①不動産

ここまで、投資信託がいかに優れた手法であるか説明してきました。

投資信託のメリットやデメリットを、代表的な他の投資手法と比較することで、投資信託の魅力をもっと引き出してみたいと思います。

不動産投資、株式投資、それに、ほとんど利益がとれないのですが参考のために定期預金という、３つの手法と比較してみます。

まずは、不労所得の代表格である、不動産投資との比較です。

・**評価額変動（資産価値）：不動産＝小、投資信託＝小～中**

不動産は、中古物件の場合は比較的評価額変動が小さくてすみます。私は不動産投資も経験していますので、「不動産投資をやるなら中古物件でやりなさい」と勧めています。

評価額の変動が少ないというのは、リスクを回避するための大前提となります。そこで、ここでは評価額の変動が少ない中古物件を比較対象として考えます。

さて投資信託は、いろいろな商品があります。中には基準価額の変動幅が大きいものもありますので、投資信託の方が資産価値の変動は大きい場合もあります。

この項目は優劣つけがたいと言えますが、ここでは引き分けとしましょう。

・収益性：不動産＝数％～10％、投資信託＝数％～20％（配当型のタイプ）

不動産の利回りは、通常の投資適格物件と考えると、数％から最大で10％程度です。しかし、注意しないといけないのは、実質利回りです。ほとんどの場合、ローンを組んで購入します。ローン支払いや管理費・修繕費などの諸経費を差し引くと、実質利回りは数％がいいところで収益性を十分検討しないと、空室リスク（後述）などで、マイナス収支となる場合もあります。

投資信託も一般的には数％から10％程度です。しかし、本書でこのあと述べるようなやり方で商品を選択すれば、20％に達するものもたくさんあります。金融商品なので手数料以外には実質ほとんどなにも諸経費はかかりません。

その意味では、投資信託が有利といえます。ここでは投資信託の勝ちとします。

・**初期投資：不動産＝最低500万円、投資信託＝1000円から可能**

不動産では、中古ワンルームマンションなどの安い物件でも、諸経費を合わせると最低でも500万円程度は必要です。そのため、まとまった資金がない場合、ローンを組むなどの方法が一般的で、銀行から融資を受けるための審査が必要、などいろいろ手続きも複雑です。

一方、投資信託は、一般的には一口一万円からスタートができますし、元手がなくても積立型なら1000円から投資可能です。手続きも前章で説明した通り、定期預金と同じくらい簡単です。

これも投資信託がたいへん有利です。この項目は投資信託の圧勝です。

・**配当回収：不動産＝不払いリスクあり、投資信託＝なし（配当型のタイプ）**

額面の収益性（利回り）がいかに高くても、確実に回収できてこその配当です。そういった意味でこの指標はとても重要です。

実は不動産の最大のリスクはこの「不払いリスク」です。借主が家賃を払わない場合、これを回収するのは困難を極めます。法的手段に訴えても、日本では借主が有利なので、なかなかすぐには解決しません。最終的には泣き寝入りというケースも珍しくありません。投資信託は大きな事故がない限り、配当回収リスクはなく、自動的に振り込んでくれます。これも投資信託がたいへん有利です。投資信託の圧勝です。

※配当重視の投資信託で、唯一注意すべき点は、元本割れ時にも配当が支払われる点です。これは元本切り崩し（いわゆるタコ足配当）なので、注意が必要です。ただし、再投資（元本組入れ）にしておくと、安値で買い増しができるため、長期的には有利に働きます。

・物件価値：不動産＝経年劣化あり、投資信託＝経年劣化なし

実物資産である不動産の場合、経年劣化は避けられません。

一棟持ちの場合は長期修繕計画などの管理とコストが発生します。もちろん借主が変わるたびにリフォームなどの手間とコストもかかります。リフォーム対象個所のどこまでが借り手の責任かといった契約もしておく必要があります。

一方で、投資信託は金融商品のため、経年劣化がありませんので、たいへん有利です。

投資信託の勝ちです。

※ただし、投資信託も市場の変化などの環境変化に合わせて数年に一度は手持ちの商品の中身をチェックし成績の悪い商品は見直しをすることをお勧めします。

・確定申告：不動産＝必要、投資信託＝不要（選択可）

初心者はけっこう見落としがちですが、不動産投資を行う場合、その収益に対する確定申告を全部自分でやらなければいけません。

もちろん、お金を払って税理士さんに頼んでもいいのですが、基本的に自己責任でやらなければいけないので、労力や時間、もしくはお金がかかります。初心者のひとつの壁になります。

投資信託の場合は、本来は自分で確定申告をしなければなりませんが、特別な口座*を作っておけば、すべて金融機関のほうで確定申告の処理もしてくれます（*「特定口座」と言います。後の章で詳しく説明します）。完全に銀行まかせで難しい税金処理をする必要はありませんので、忙しいサラリーマンにとってはたいへんありがたいことです。この項目は、投資信託の勝ちです

・流動性：不動産＝低い、投資信託＝高い

流動性とは、「現金化のしやすさ」です。

人生は何が起こるかわかりません。急にまとまった現金が必要になるシチュエーションもあります。

そんなとき、不動産はすぐに売却できるかというと、そうではありません。数百万から数千万の売買になりますので、買い手を見つけるのにも時間がかかります。もちろん売却を急ぐ場合は値引きなどがあり希望の額で売却できない場合もあります。

投資信託は基本的にはすぐに売却して現金化することができますので、不測の事態にもすぐ対応できます。

「いつでも現金に換えられる」というのは、非常に安心感があります。

この項目は、投資信託の勝ちです

・その他のリスク：不動産＝多い（後述）、投資信託＝寡少

不動産の本当に怖いリスクはこれです。

まずは空室リスクです、どんなに優良物件でも、空室である限り、経費ばかりがかかって1円も入ってきません。不動産投資で失敗する一番大きな要因です。不動産投資をやるなら、空室リスクと常に向き合わなければいけません。

また、不動産は実物資産であるので、物件の管理が必要です。雨漏り、また自然災害による破損など、すべて自己責任で対応しなければいけません。

さらに、生身の人間を相手にする必要があります。住人同士のトラブル処理、また夜逃げなど、あらゆる対応を覚悟しなければいけません。管理代行や一括借り上げなどの方法でお金で解決することもできますが、家賃（収益性）との兼ね合いで、ずさんな計画だと不労所得どころか赤字経営になりかねません。

いっぽう投資信託は、運用は基本的にすべてプロがやりますので、一切何もしなくていいのです。

以上、不労所得の代表格である不動産にくらべても、投資信託がいかにメリットだらけかがわかると思います。

他の投資手法と比較してみよう
②株式投資

次に、トレードの代表格である株式投資と比較してみましょう。ここでは、初心者も参入しやすい株式投資ということで、ポジショントレード（数週間〜数カ月の取引）を例にとって考えてみます。

・評価額変動：株式投資＝あり（大）、投資信託＝あり（中〜小）

株のトレードで最も注意しないといけない点が、変動幅の大きさです。株は、ポジショントレードでも大きな変動はあります。デイトレ（デイトレーディング）などでは価格変動へのすばやい対応も同時に求められるためなおさら注意が必要です。まれに急激な価格変動によってストップ高（ストップ安）となり一時的に取引ができなくなる場合があります。

投資信託も変動はありますが、ひとつの商品の中で複数銘柄が入っていますので、リスク分散効果によって変動幅は中～小です。プロが対応しているのでとつぜん売買ができなくなるというリスクも極めてまれです。

リスク分散という点で投資信託の方が安全といえます。

・配当収入：株式投資＝なし、投資信託＝あり（配当タイプの場合）

ここではトレードとして考えるため株式投資の場合は、配当収入は基本的にはありません。キャピタルゲイン（値上がり益）を狙う商品ですので、株式配当はおまけだと思ってください。

投資信託では、債権型だけでなく株式型であっても配当タイプの商品がたくさんあります。インカムゲイン（配当収入）狙いの方にはうってつけの投資手法といえるでしょう。

・収益性：株式投資＝数％～20％、投資信託＝数％～20％

株式投資の場合は、なかには大化けする銘柄もありますが、平均して収益をあげている人でも、数％から20％ぐらいです。

投資信託の場合は、商品分散させるので大化けする可能性は下がります。したがって収益性は若干、株式の方が有利ですが平均化するとほぼイコールです。ここでは引き分けとします。

・初期投資：株式投資＝最低１００万円、投資信託＝１０００円から可能

株式投資は、ミニ株を抜きにすれば、最低１００万、できれば２００万円ぐらいの資金がなければ、株の運用はできません。とくに分散投資を考える際には、１００万円でも足りないでしょう。

投資信託は、何度か述べているように、最低１０００円から参入できるのが大きなメリットです。

・暴落リスク：株式投資＝あり（大）、投資信託＝あり（中〜小）

株式投資では、大きく暴落するリスクと常に向き合う必要があります。素人が株式投資に失敗して撤退するのは、この暴落に耐えられないケースがほとんどです。それに、個人で購入できる銘柄数には限りがありますので、分散投資によるリスク回避が難しくなります。

投資信託でも、市場で大暴落があったときにはたしかに変動します。ですが、一つの商品の中で分散投資をしてリスク回避をするなど、いろいろなリスク回避手段で組み込んでいるために、小から中ぐらいの暴落でおさえることができます。これは非常に安心感がある点です。ここは投資信託に軍配です。

・売買テクニック：株式投資＝必要、投資信託＝不要（プロが運用）

株式投資は、テクニックを知らない人は基本的にやらないでください。投資のプロと、ガチンコで勝負しなければならない戦場です。売買テクニックのない素人が参入しても、プロのカモにされるだけです。

投資信託は、プロが運用するので、自分では何も知らなくてもしっかり稼げます。これは非常に大きなメリットです。

・資金管理：株式投資＝必要、投資信託＝不要（プロが対応）

売買テクニックと同様に、資金管理あっての株式投資です。これが身についていないうちは、株式投資はやらないでください。破産への道です。「ロスカット（損切り）を制する者が株式を制する」というくらい株式投資では資金の管理が重要です。撤退する人の一番の敗因は資金管理ができていないのが原因と言われています。

投資信託は、プロがしっかり資金管理するので、自分では管理不要です。これも大きなメリットです。これも投資信託の勝ちです。

・その他

株式投資と投資信託を比較した際、投資信託は「ほったらかし」でいいというのは、何度でも強調したいメリットです。忙しいサラリーマンが、市場にはりついてトレードのタイミングをはかることが物理的に可能でしょうか？

そうやってトレードで収益をあげても、時間と労力をつかって得た収益であり、労働によるものです。

投資信託は、まさに不労所得の醍醐味を味わうことができます。

このように、トレードの代表である株式投資に比べても、投資信託は非常にメリットの大きい商品であることがわかります。

他の投資手法と比較してみよう
③定期預金

最後に、堅実な運用の代表として定期預金とも比較してみましょう。金融資産を持っている世帯の33・7%が定期預金を組んでいるそうです。（2013年金融広報中央委員会調べ）

資産形成の大切さに気付いて行動を起こす人がまず考える定期預金ですが、では果たして定期預金はどれ位投資商品として魅力があるのでしょうか？

・**評価額変動：定期預金＝寡少（原価保証）、投資信託＝小〜中**

定期預金は原価保証がほとんどです。

投資信託は投資商品ですから、原価保証ではありませんので、その点では劣ります。この項は定期預金の勝ちです。

・配当収入：定期預金＝なし、投資信託＝あり

定期預金は、利息はありますが、配当金はありません。

投資信託は配当型を選ぶことで定期的に配当金という形で手元にお金が戻ってきます。

投資信託が魅力の面で優ってます。

・収益性：定期預金＝0・1～0・4%、投資信託＝数%～20%

定期預金の金利は固定期間や金融機関により変動しますがいずれにしても本当に少なく、0・1～0・4%程度です。文字通り預けているだけの感覚です。

投資信託も投資先商品や運用機関により様々ですが、数%から、大きなもので20%ぐらいまでの商品があります。これは定期預金と比較して大きなメリットです。投資信託の勝ちです。

・初期投資：それぞれ1000円から可

定期預金、投資信託とも、それぞれ1000円から可能ですので、この項目は優劣がつきません。ここは引き分けです。

・暴落のリスク：定期預金＝寡少（原価保証）、投資信託＝寡少（プロが対応）

定期預金は原価保証商品です。投資信託も、運用はプロが対応しますので、暴落のリスクは極めて少ないと言えます。しかし、投資信託は組み込まれている商品によっては高リスクのものもあります。そのため、この項目は定期預金の方がリスクが少ないといえます。

・資産価値：定期預金＝目減りリスクあり、投資信託＝収益でカバー

現在のようなインフレ状況下では、定期預金はあまりに利息が少ないと、資産が目減りするというリスクが発生します。利息分をインフレ率が上回ることで、実質的には資産価値が下がってしまうのです。

投資信託は、インフレ状況下でも、収益はそれ以上を目指して運用します。そのため、収益でカバー可能です。この項目は投資信託に軍配です。

・流動性：定期預金＝原則途中解約不可、投資信託＝いつでも解約可能

定期預金は、契約期間が定められており原則として途中解約できません。また、長期の固定金利の場合は社会の金利変動に対応できないというデメリットもあります。

投資信託は、原則いつでも途中解約可能です。この項は、投資信託が有利です。

・その他のリスク：それぞれプロが対応のため、負担はなし

以上、定期預金との比較でした。

安定性ということでは特に原価保証の面で定期預金が優勢です。

その他のリスク面では定期預金と投資信託はほぼ等しいですが、一方で投資信託の方が高い収益性が見込まれることを考えると、投資信託のメリットがわかると思います。


以上、3章をまとめると、投資信託は、中リスク・中リターンの「第2群」の代表格でありプロにお任せ・ほったらかし・少額から参加できるなどメリットだらけなのにデメリットがほとんどない。他の投資の代表格である株式投資や不動産投資と比べても大変優れている。そして、何を隠そう富裕層が好んで実践している手堅い投資であるということでした。次の章では、投資信託の具体的な種類や買い方などについて詳しく説明していきます。

コラム　手を出してはいけない怪しいファンドの見分け方

第3章では、投資信託を含めたファンド型投資商品の魅力についてお話ししてきました。しかし、そんな魅力たっぷりのファンドですがファンド型投資商品の中には「手を出してはいけないファンド」「詐欺まがいのファンド」が存在する、という点に注意が必要です。

ファンドの中でも行政の監督下にある投資信託は、詐欺まがいの商品に引っかかる危険性はほぼゼロだといえます。

しかし、ファンドの中には、行政の監督下になく、証券投資信託法や証券取引法といった投資家の保護を図るための販売規制や、金融商品の組成・運用に係る規制が適用されないものも多数ありますので、注意が必要です。

手を出してはいけないファンドについて、ポイントを記しておきます。

【怪しいファンドの見分け方（購入基準）】

・オペレーション全体の分業化が明確か？

①販売元：事務管理会社（アドミニストレーター）…顧客及びファンドの管理

②運用元：運用会社（ファンド会社）…日々の運用指示と実務

③運用監査：監査法人（オーディター）…運用の透明性を監査

④資産管理：資金管理会社（カストディアン）…資金の分別管理、透明性確保

・カストディアンがついているか否か？（顧客資産の分別管理）

カストディとは「保管」という意味です。しっかりしたファンドは、カストディ銀行（証券の保管や預かりを行う銀行のこと、信託銀行など）を保管銀行に指定し、顧客資産の分別管理を徹底します。発行元や運用元が勝手に顧客の資金に手を出すことができないので資産の透明性が保たれます。万一、発行体が倒産しても、カストディ銀行に保管されている証券は守られるからです。もちろん、このカストディ銀行も、自己勘定とは別に顧客勘定として預かり資産を保管しますので、仮に、カストディ銀行が破綻したとしても、顧客勘定を勝手に処分して債務者に弁済することはできません。詐欺まがいのファンドは、そもそもカストディ銀行を利用しないか、二束三文でオフショア地域に設立した銀行をカストディ銀行に仕立ててカムフラージュしますので注意は必要です。

・監査法人がついているか否か？（運用の透明性）

運用元の信頼性の礎となる財務諸表の適正開示を保証するため、運用中の商品について運用元の指示と成績についてその計算や勘定が合っているかどうかを監査法人（オーディター）がチェックしています。コストをかけてでもしっかりした監査法人を立てているということは、運用目標と実績がしっかりとしている証でもあります。監査法人を立てていないとすれば、財務諸表の不正があってもチェックすることができません。

・PB（プライベートバンク）経由、ないしはPPB（オフショア生保、プライベートポートフォリオボンド）経由で購入可か否か？

PPB、PBの精査が通っているか否かということは、いい加減な商品をフィルタリングできるという意味で一定の安心材料になります。PBのサービスの仕組みは、資産を安全に保管し、適切に事務処理を遂行するカストディ口座（資産保管口座）と、運用コンサルティングを行う顧客担当者（リレーションシップ・マネージャー）とで成り立っています。大手生命保険会社や、世界的規模の投資会社なども、ＰＢ同様の仕組みを持っており、より低コストでカストディ口座を提供しています。顧客から手数料（一般の購入総額の2～3％）を貰う代わりに資産の安全性の確保と運用コンサルティングを提供するという点で安全度が増します。

・手数料体系などが明確で妥当な額か？（法外に高くないか？）

ファンド購入の際に、これらの点をチェックするようにしてください。

また、ファンドを購入する際の前提として次のことは覚えておいてください。

・単一商品に投資するファンドはリスクが高い

たとえば、牛の里親ファンドや、ワインファンド、ミュージックファンドなどがその典型です。

分散投資によるリスク低減ができませんので、評価額の変動が大きく、天候などといった外部要因に左右されやすいのです。ファンドの特性上、リスクが非常に高いことを覚えておいてください。

対象となる商品によほどの思い入れがない限り、単一商品に投資するファンドは避けた方が無難です。

・また最近よく耳にするのが、「ＩＰＯ（新規公開株）投資」です。

新規公開株に投資して、本当に上場すれば、たしかに通常の公募ファンドに比べて莫大な利益が得られます。そして私募ファンドとしてこのようなＩＰＯ投資のファンドを組成した場合、情報公開が厳しく求められないため、実態が不透明なファンドが多くあります。その点を利用して、詐欺の手段になりやすいのです。

「上場するので必ず儲かる」「私募ファンドで特別なルートでなければ購入できない」などと、「特別感」をあおって話をもちかけられると、ついつい手を出してしまうのです。

とくに、定年退職して退職金をもらったばかりの高齢者がターゲットになりやすいので、注意が必要です。

損失が出る可能性があるにもかかわらず「必ず儲かる」と勧誘されたり、リスクについて十分な説明がないまま高額な出資契約を結ばせようとする場合は、詐欺まがいか、そうでなくても投資家保護の観点にかけているファンドですので、投資は控えるべきです。

いずれにしても、初心者のうちはファンドに投資する場合は、金融庁の監督下にある投資信託商品を購入するのが安心です。

投資信託であれば、安全性についての審査をすでに国がしているので、私たちは余計なことを気にせずに、配当収入を楽しみに待っていればいいだけなのです。

第4章

プロにお任せ投資で配当生活を実現 実践の手引き①

具体的な種類を知ろう

前章では、投資信託が他の金融商品に比べて優れている点を紹介しました。

ただ、投資信託と一言でいっても、その運用タイプは様々な種類があります。

運用タイプによって、リスクやリターンの大小も変わってきますので、自分の投資スタイルに合った商品を選ぶ必要があります。

私は、誰もが買うことができる投資信託の商品で、年利20％の不労所得を実現しています。しかし、そのような高利回りの運用をするには、商品選定のための知識が必要になってきます。

この章では、数多くある投資信託の商品を、どのように選定すればいいのか。その具体的な方法について解説していきます。

私の投資法の「キモ」をお伝えしますので、この章はよく読んでください。

まずは、投資信託にはどのようなタイプがあるのか見てみましょう。

その投資信託が主に運用する商品の種類によって、①株式型、②債権型、③その他、の3つのタイプに分けられます。

①株式型

株式を運用する投資信託です。

大きく、国内株式と海外株式とに分類されます。個人では海外株式を買うのは難しいのですが、投資信託を使えば非常に簡単に海外株式を買うことができるのです。個別銘柄と同じく、海外株式のほうが国内株式に比べてリスクは高めです。

国内株式と海外株式はそれぞれ、パッシブ型とアクティブ型とに、さらに細かく分類されています。

パッシブとは「消極的」という意味で、比較的リスクが少なく、インデックス（平均値）に沿って動くような商品を運用しています。「日経225連動型」のような商品がその代表です。

いっぽう、アクティブとは「積極的」という意味です。極端な値上がり益が見込まれそうな低位株や、実際の評価と不釣り合いな水準にある銘柄などに積極的に投資するタイプの商品です。当然、アクティブ型の方がパッシブ型よりもリスクは高めです。

初心者の場合は、日経平均連動性インデックスファンドに比例して動くものを買うと、わかりやすいのでいいかと思います。

株式型の投資信託は、国内と海外、またパッシブ型とアクティブ型とにかかわらず、いずれも評価額の値上がり益、いわゆるキャピタルゲイン狙いの商品が主流です。最近は、配当タイプの商品に人気があるため、インカムゲインを組み込んだ商品も出てきています。

②債券型

次に債券型です。これは、公共債や社債などを扱う投資信託です。

株式型と同じく、国内債券と海外債券の2つに分かれ、さらにそれぞれパッシブ型とポジティブ型とに分類ができます。

国内債券でスタンダードなのは、日本国が発行する国債です。さらに、地方自治体が発行する地方債もあります。またトヨタなどといった企業が発行する社債もあります。

海外債券も同じように、その国が発行する国債だったり、また外国企業の社債などを、投資信託を通じて購入することができます。

国内と海外それぞれにパッシブ型とアクティブ型の商品が用意されています。国債などのあまり値動きが激しくない安定的な債券に投資するパッシブ型か、もしくは社債など値動きが大きい債券に積極的に投資するアクティブ型か、投資スタイルに応じて選択することができます。

株式型と比較したときの特徴として、債券型は基本的に配当金狙いの商品ですので、インカムゲインが見込まれます。そのため、いわゆる「不労所得」をもっともとりやすいのが債券型の投資信託です。

③その他

株式型、債券型に属さない商品もあります。

代表的なものはリート（ＲＥＩＴ、不動産投資信託）です。リートにも国内、海外の大別があります。いわば投資信託経由で不動産の「大家さん」になって、賃貸料を配当金という形で得る商品です。リートも配当金狙いのインカムゲインが見込める商品です。

実際にはもう1種類、④バランス型というのがあります。バランス型は株式・債券・その他の商品を複数組み合わせた投資信託のことです。

バランス型の中にも、株式を多めの比率で組み込んで積極的な運用を狙うアクティブ型や、債券やリートを多めに組み込んで安定運用をめざすパッシブ型など、比例配分が異なる様々な商品があります。自分の投資スタンスに合ったものを探すとよいでしょう。

■ 投資信託の商品種類

主に運用する商品により大きく以下に大別される

タイプ	分類	細分類	リスク
株式	海外株式	・パッシブ型 ・アクティブ型	高
	国内株式	・パッシブ型 ・アクティブ型	
債券	海外債券	・パッシブ型 ・アクティブ型	中
	国内債券	・パッシブ型 ・アクティブ型	
その他	REITなど	・海外 ・国内	
バランス型	株式、債券、REITなど 複数を組み込んだ商品	組み入れ比率を変えて 運用益の期待値を分散	低

■ 投資信託とリスク&リターン

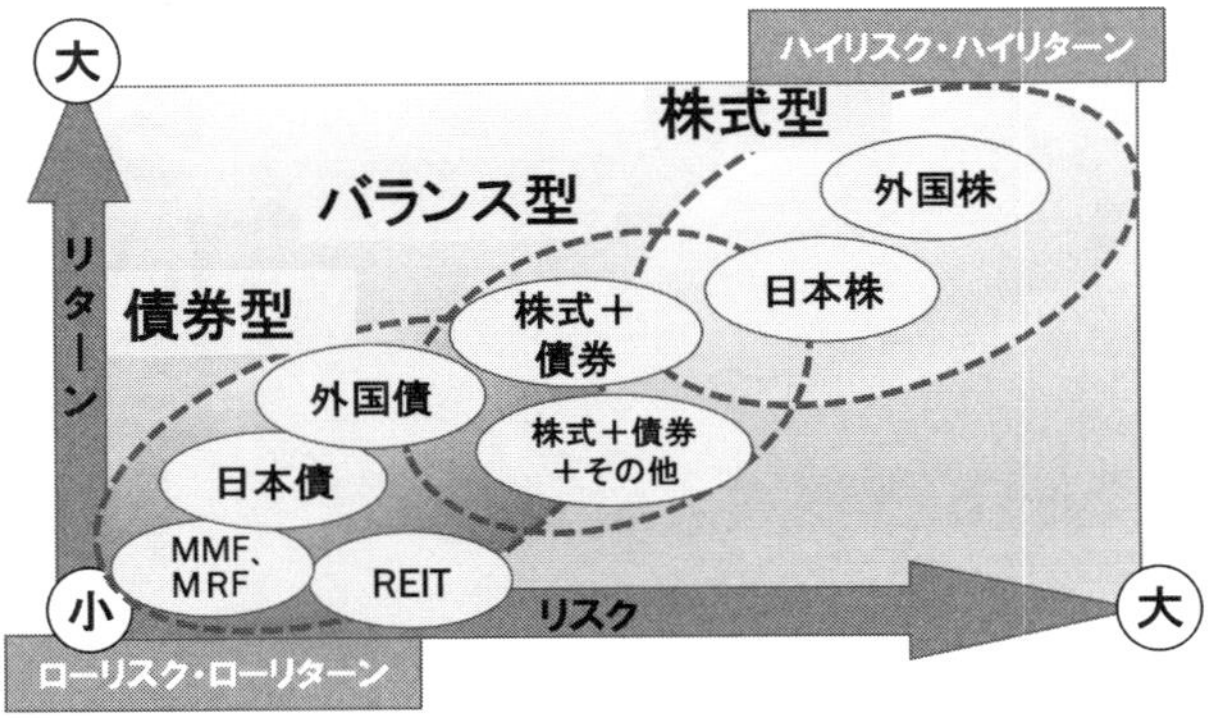

図は一般的な順序を示したもので、諸条件により各資産間のリスク・リターン特性は変動します。

安定収入を目指すなら「インカムゲイン」がねらい目！

前項で、投資信託にはどのような種類の商品があるのかを見てきました。

投資信託は、そのほかの投資商品との比較でいうと、「中リスク・中リターン」の第2群に位置します。その投資信託の中でも、商品におけるリスクとリターンを整理すると、次のようになります。

・国内＜海外

・債券型（インカムゲイン）＜株式型（キャピタルゲイン）

では、投資信託の中でどのゾーンの商品を狙うべきなのでしょうか？

結論から言うと、ねらい目なのは「海外債券」の投資信託です。

なぜ債券型を選ぶべきなのか。それは、株式型と比較した際に、2つの点で優れているからです。

①債券型はインカムゲインである。

キャピタルゲインよりインカムゲインを目指すべきであることは、第2章で解説しました。投資信託の中でも、株式型はキャピタルゲインの商品ですので、その値動きを注視していなければなりません。「ほったらかし」で「不労所得」をめざすのには不向きなのです。

②債券型は株式型に比べて安定している。

投資信託の中でも、株式型はリターンが高い代わりに、リスクも高い商品です。単一の株式銘柄を買うよりは安全ですが、それでも値動きは激しくなります。昨今のように、世界経済が不安定な状況であると、株式型はさらにリスクが高くなります。

債券型は、株式型に比べてリスクは少なく安定しています。なぜなら、国が発行する債券である国債の唯一最大リスクは、国が破綻することですが、そんなことは滅多におきません。同様に企業が発行する社債も、その会社が破産しない限りは有効ですから、株式型に比べて安定しているのは当然なのです。

つまり、投資信託という、中リスク・中リターンの商品の中でも、債券型の投資信託は、比較的安全で初心者でも簡単に運用ができるのです。しかも、配当金を重視した商品が充実しているので、インカムゲインによる不労所得が見込まれます。

投資信託のメリットをもっとも享受できるのが、債券型投資信託なのです。

ここまでで、等々力式投資手法の基礎を順次説明してきました。それは次のようにまとめられます。

- **投資手法＝「投資信託」を基軸とします。**

安心、安全という最大のメリットがあります。

- **対象資産＝「債券」とします。**

投資信託の中でも最も安定、低リスクです。

- **スタイル＝「毎月配当」を狙います。**

インカムゲイン（配当収入）を安定的にとっていきます。

そして、このように最大限に安全性を確保したうえで、

・リスクテイク＝積極的にとります。

大きな枠組みでは最大限に安全性を確保しながらも、その枠の中で取れる最大のリスクを積極的に取っていく、という戦略です。

以上により、「中リスク⇒中リターン以上」を目指すのが、私の投資手法です。

「中リスク⇒中リターン以上」を実現するために、債券型投資信託のなかでも、「海外債券」を狙っていきます。

一般的に国内債券より海外債券の方がよりリスクが高い反面、高いリターンが狙えるからです。国内債券は変動が小さい分、リターンも小さくなります。

おおざっぱに言って、日本の債券の配当率が1％前後なのに対し、海外債券は4％前後から、大きなものは10数％まであります。この高いリターンは魅力的です。

等々力流「銘柄選定3ステップ」

さて、「海外債券」の中で、どうやって投資対象を絞り込んでいけばよいのでしょうか？もともと塾生のために考案した、私が生み出した「銘柄選定3ステップ法」という簡単な方法を特別にご紹介します。初心者の人でも自分の投資スタイルにあった銘柄が簡単に絞り込めるようになります。

「海外債券」まで絞り込んでも、さらに多数の商品があります。それらをどうやって分類し、銘柄を選べばよいか、整理して考えられるようにしました。

等々力流の「銘柄選定3ステップ」は、次の3つに着目します。

①対象市場（信用力、成長性）
②発行体（格付け、信用リスク）
③運用通貨（為替ヘッジ、信用リスク）

それぞれ順を追って説明します。

①対象市場（信用力、成長性）

ステップ1は、信用力や成長性をもとに、投資対象市場を選びます。投資対象市場は、大まかには次のように分類できるでしょう。

- **先進国（リスク低）：日本、アメリカ、ヨーロッパ（EU）が代表的です。その他に、カナダやオーストラリアなども含まれるでしょう。一般的に信用度が高く（高格付）、リスクは小さいですが、その分、変動も小さいのが特徴です。**
- **新興国（リスク中）：「エマージング市場」とも呼ばれます。中国、インド、インドネシ**

ア、フィリピンなどのアジア諸国、ならびにブラジルや中南米、そしてロシアなどの国々です。近年、著しい成長を遂げていたり、また資源が豊富だったりで、投資対象として注目されています。

先進国に比べ信用度が低く、その分、高利回りなのが魅力です。その半面、政治経済にまだ不安定要素が多く、急な政策変更や通貨下落などのリスクに注意が必要です。

・後進国（リスク高）：「フロンティア市場」とも呼ばれます。南アフリカなどのアフリカ諸国、さらにベトナムなどの南アジア、また東欧や中東などの国々です。

現在まさに経済発展しようとしている国ですので、マーケットの成長は著しいですが、それだけ不安定要素も多く、政治経済や国の体制にも不透明性が高いので、十分に注意しなければいけません。

②発行体（格付け、信用リスク）

次にステップ2で、債券の発行体を選びます。ステップ1の市場ごとに、次にあげるような発行体によって分類できます。

・公共債（リスク低）：国債、ソブリン債、地方債などがあります。国や自治体が破綻するリスクは少ないので、比較的信用度が高く高格付の商品です。リスクは低いが、変動も小さいのが特徴です。

・企業債（リスク中〜高）：これはトヨタとかソニーといった一般企業が事業資金調達のために発行している債券で運用するものです。公共債に比べるとリスクは高めです。

さらに企業債は、「イールド債」と「ハイイールド債」に分けられます。「イールド債」は格付が比較的高く（BBB以上）、投資適格があるとされている企業債です。リスクは中程度で、国債よりは高いです。

「ハイイールド債」は、投資適格（BB）以下の企業債です。信用が低い企業が発行する社債ということです。リスクが高い分、リターンも高い商品です。

・その他（リスク中）：リートなど。土地や不動産で運用する商品。

・バランス型（リスク中）：右記を混合で運用するもの。値動きが違う商品を組み入れることで、変動リスクを低減しています。

③運用通貨（為替ヘッジ、信用リスク）

対象市場と発行体を決めた後、ステップ3では運用通貨を選びます。

「為替ヘッジなし」なのか、「為替ヘッジあり」なのか、まずはこの2つに分類されます。

為替ヘッジのあり／なしとは、運用通貨で為替損益をとっていくか／とっていかないかの違いです。これを使い分けると、より高い金利が出せる場合もあります。

さらに為替ヘッジがある場合は、それが円建てなのか、それとも海外の高金利通貨建てなのか、に分かれていきます。

・ヘッジなし（リスク中～高）：投資対象資産の基軸通貨そのもので運用するものです。投資信託の評価額面がそのままの運用利益となります。たとえばアメリカの資産に投資した場合、米ドルで運用します。日本の国債だったら日本円です。

評価額がそのまま運用損益になるので、わかりやすいです。ただ、ヘッジをとらないので、その国の通貨がそのまま価値になりますので、変動幅は大きくなります。

・ヘッジあり／円建て（リスク低～中）：投資対象資産の基軸通貨と日本円の間で為替ヘッジを行い、為替変動リスクの低減をはかります。もともと手持ちが日本円なので、円でポジショニングするということです。

・ヘッジあり／高金利通貨建て（リスク高）：投資対象資産を、基軸通貨よりもさらに金利の高い通貨で為替ヘッジを行うことで、金利差益の期待ができます。為替ヘッジ取引プレミアムが狙えます。２段階でリスクを負うので、リスクは高くなります。

たとえば、アメリカの債券なら基軸通貨は米ドルです。その米ドルよりも金利の高い通貨、たとえばブラジルレアルや、豪州ドルなどで運用するのです。

なお為替ヘッジには、取引コストがかかります、それは投資信託の運用益から手数料として引かれますので、その点も覚えておいてください。

銘柄選定の事例をみてみよう

さて前項で説明した、①対象市場×②発行体×③運用通貨、にあてはめて銘柄をどのように選定するのか。例を挙げて説明してみましょう。２つのケースをご紹介します。

1．対象市場を「先進国」、発行体はリスクの低い「公共債」、運用通貨を「円建て」として選んでいくとしましょう。

①対象市場：先進国↓日本
②発行体：公共債↓国債
③運用通貨：為替ヘッジなし（円建て）

この分類から銘柄を選んでいけば、非常にリスクの低い、安定的な投資ができるわけです。

2. もっと積極的にリスクをとりたい場合です。

対象市場を「新興国」、発行体は「企業債」の中の信用格付けの比較的高いイールド債にします。さらに、運用通貨も「高金利通貨」で回していこう、と考えていきます。

①対象市場：新興国↓アジア

②発行体：企業債↓イールド債

③運用通貨：為替ヘッジあり（高金利通貨）↓豪ドル

こういった商品選定になるので、リスクは高いけれども、大きなリターンを狙う投資になりました。

このように、①対象市場、②発行体、③運用通貨、という3ステップで選定していくと、自分の投資スタイルにあった銘柄が簡単に絞り込めるのです。

がんばれば「年利20％」も夢じゃない？ 〜高金利を生み出す2つのカギ

いよいよ、等々力流投資手法の「キモ」に入っていきます。

投資信託の中にもプロ向けの商品があります。初心者にはお勧めしませんが、頑張ればこういったこともできるという事例として「ハイインカム・ファンド」というものを紹介します。

ハイインカムとは、英語のhigh income＝インカムが高い、すなわち株式配当や債券利息が高いという意味です。したがって「ハイインカム・ファンド」とは、高配当の株式や高金利の債券などに積極的に投資することで高い配当収益の獲得に重点を置いたファンドのことです。株式ファンドでも債券ファンドでもハイインカムファンドは存在します。

では、私が実際にハイインカム・ファンドを使って「年利20％」という高い利回りを実現した事例がありますので、それを使って一体どのように高金利を生み出しているか詳しく紹介していきます。

高金利を生み出すカラクリとして2つのカギを紹介します。

1つ目のカギは、「ハイイールド債」です。

このハイイールド債は、一般的に「リスクの高い商品」として扱われています。そのため、プロ向け商品に分類され、初心者がいきなり購入することはできません（ですが、購入できる方法がありますので、それは次章で説明します）。

ハイイールド債は、リスクをとってより高い配当を狙うための手段ですが、リスクをとってでも選ぶ価値は十分にあります。

このハイイールド債についてさらに詳しく説明いたします。

一般に債券は、ブルームバーグ社などの格付会社によって、ランク分けがされています。その格付けは、債券の発行体の信用力や、元利金の支払い能力の安全性などを総合的に判断してなされています。

債券は格付けを元に2つに大別されます。

- **投資適格債券：BBBランク以上の比較的信用力の高い会社の債券**
- **投機的格付債券：BBランク以下の信用力の低い会社の債券**

この格付でBBランク以下に分類されるのが、ハイイールド債です。投機的格付債券、あるいはジャンク債（ジャンクボンド）などとも呼ばれます。

ハイイールド債の特徴としては、次の点が挙げられます。

- **信用格付け：低い**
- **元本割れリスク：高い**
- **デフォルトリスク：高い**
- **利回り：高く設定**

一言で言えば、信用力が低い分、高金利で発行される、「ハイリスク・ハイリターン」

の商品です。そのためハイイールド債は、投資のプロが扱う債券だと位置づけられていま す。

逆に、信用格付けが高く元本割れリスクが低いものを、投資適格債、イールド債と呼びます。ＢＢＢ以上の格付けの債券になります。投資適格債は高格付けの社債や、国の発行したソブリン債などがこれにあたります。

「投機的格付債券」と聞いて、「それはさすがに危ないのでは？」と思う方もいるでしょう。

確かに一社一社の格付けは低いので、業績不振や倒産などのリスクが高いのは事実です。

しかし、投資信託の最大のメリットに「スケールメリット」があります。スケールメリットがあるため、一つの債券型投資信託には数百社単位の債券が組み込まれています。ゆえに、会社倒産のリスクを最小限に抑えられます。実際、私の経験でも、倒産するのはその数百社のうち年に1～2社ですので、大勢に影響ないレベルです。

しかもそれらをプロが運用するために実は思った以上に安全でしっかり稼げるため、隠れた穴場的な投資手法だということができます。

投資信託はそもそも「中リスク・中リターン」のゾーンに位置し、リスクを最小限に抑える仕組みがしっかり組み込まれていますので、たとえハイイールド債といえども、株やＦＸのトレードなどに比べたらはるかに安全な投資です。

また、企業に貸している貸付金が債券ですから、倒産したら真っ先に保全がかかります。株はその会社が倒産したら紙切れ同然です。株式投資と比較した場合、その安心感があるのが債券の魅力でもあります。

つまりハイイールド債は、多少のリスクをとってでも、ハイリターンを狙う人が購入する債券です。ですが、そのリスクをとってでも選ぶ価値は十分にある商品です。「中リスク・ハイリターン」を狙える投資信託、それがハイイールド債なのです。

驚異の利回りを比較しよう！〜世界にいっぱいある高利回り商品〜

ハイイールド債を狙う理由は、高い利回りを見れば一目瞭然です。

米国ハイイールド債を例に考えてみましょう（以下、2012年4月、ブルームバーグのデータ参照）。

- **日本国債：0・68％**
- **米国国債：1・01％**
- **世界国債（日本除く）：1・94％**
- **ユーロ国債：2・71％**
- **エマージング（新興国）国債：5・31％**
- **米国ハイイールド債：7・10％**

このように、米国ハイイールド債は、米国国債や他の国債より破格に高い利回りとなっていることがわかります。新興国国債よりも高い利回りなのです。

もう少し詳しく、同時期の米国社債の格付け別利回りを見てみましょう。

【投資適格債（BBB以上）】

・AAA格：1.89％
・AA格：2.50％
・A格：3.09％
・BBB格：4.00％

【ハイイールド債】

・BB格：5.44％
・B格：7.01％

このように、投資適格債は大まかには2～4％の範囲に、ハイイールド債は6～7％の範囲に属しています。ハイイールド債がどれだけ高い利回りかがわかっていただけたかと思います。

ハイイールド債は「投機的格付債券」で信用が低い分、利回りが高くなっています（そうしないと投資が集まってきませんから）。

しかし、繰り返しになりますが、万一倒産する会社が出ても、それは100社のうちの1～2社ですから、スケールメリットにより平準化されてほとんど影響はありません。

投資信託のなかではリスクが高い部類になりますが、他の投資法と比べると十分に安定している商品なのです。

高金利を生み出すもう一つのカギ

いかにハイイールド債が高い利回りだからといっても、高いもので7〜9%程度です。もちろん、これだけでも定期預金などに比べたら破格の利率ですし、不動産投資と同等の利率を得ることができるので相当な魅力です。

ですが、これにもう一つのカギを加えるとさらに高い利率が期待できます。

2つ目のカギとは、「為替ヘッジ取引」です。

為替ヘッジ取引とは、投資対象の運用通貨を、別のより金利の高い通貨に換える手段です。為替ヘッジ取引により、運用商品をベース通貨よりも金利のより高い通貨で運用することで、金利収入と金利差益を期待できます。

高金利通貨で運用するということは、リスクは高くなりますが、その分、リターンも高いのです。

このような商品を投資信託では、「通貨選択型」とよびます。基本の株式や債券などの投資対象資産への投資に加えて、為替ヘッジ取引の対象通貨を選択できるようにしたものです。

通貨選択型の投資信託では、どこかの国の債券を、違う国の通貨で運用することができます。つまり、

①株式や債券などの投資対象資産への投資に加え、
②為替ヘッジ取引の対象通貨を選択できるように設計された投資信託です。

この仕組みにより、①純粋な値上がり益（または配当）に加え、②通貨の差益も期待することができます。

たとえば、米ドル建てのハイイールド債を購入し、為替ヘッジ取引によって金利の高い通貨で運用したとしましょう。

すると、為替ヘッジ取引により為替変動の収益を得ることができます。当然、米国ハイイールド債からの利回りもありますので、ダブルで収益が期待できます。

つまり、収益の源泉は、①ハイイールド債の運用益、②為替ヘッジ取引によるプレミア

ムコスト（もとの債券の基軸通貨よりも高金利な通貨の運用による金利）、そして、この2つの通貨間の通貨変動により、③為替変動の利益も期待できるのです。

では、通貨による差益にはどれくらいの期待ができるかを、もう少し具体的な事例で紹介します。

例えばブルームバーグ社のデータによると、米国のハイイールド債を購入する場合、現地通貨そのままの場合は米ドルで金利は0・47％です。

通貨選択型を選べば、米ドルの他にも、次のような高金利通貨での運用が可能になります。

- **米ドル：0・47％**
- **豪ドル：4・17％**
- **ブラジルレアル：7・93％**
- **中国元：4・24％**
- **南アフリカランド：5・13％、**

このように、元の通貨よりも高い金利の通貨に置き換えて運用することで、①投資対象資産の純粋な値上がり益や配当収入に加え、②通貨の差益も期待することができる、というわけです。

また、日本円で為替ヘッジをかけることも可能です。

海外通貨の為替変動が怖いという人には、よりリスクを小さくする手法としてお勧めです。

ただしその場合の金利は、日本円は0・27％なので、先にあげたどの通貨よりも低金利です。逆にコストがかかることを留意しなければなりません。

その債券の基軸通貨より高金利の通貨で運用しようとする場合、為替ヘッジ取引プレミアムによってさらに高い収益が期待できますが、リスクも高まります。

一方、基軸通貨より低金利の通貨で運用する場合、為替ヘッジ取引コストが発生して収益は低くなりますが、その分、リスクも低くなるというわけです。

これが等々力式「2段階投資手法」

等々力式投資手法はなぜ高配当なのか、とよく聞かれます。

それは、次のような2段階投資手法のからくりがあるからです。

一般的な債券ファンドでは、かなりいい利回りの国の国債でも、3～4％程度というのが普通です。

これに対して、等々力式手法では、基本の債券の部分をハイイールド債という、リスクが高くて金利の高いものを取り入れる。7～8％の金利をめざします。

その7～8％の投資に、為替ヘッジを上乗せします。

この為替ヘッジを高金利通貨で行えば、更なる金利の上乗せが期待できます。

こうして、ハイイールド債と為替ヘッジの2つを合わせて、超高金利を生み出すこと

■ 等々力式投資手法は どうすごいのか？

2段階投資手法のイメージ

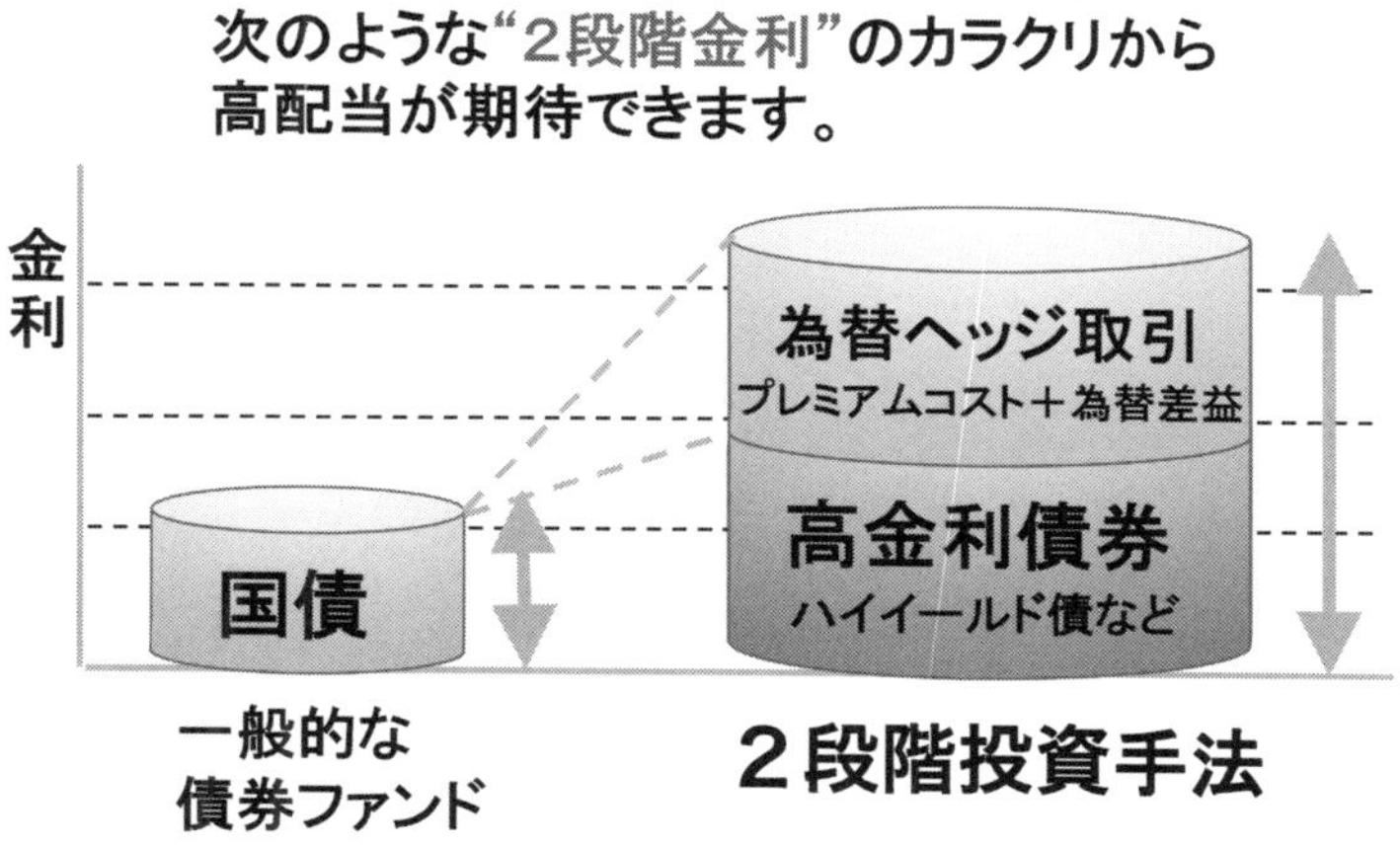

になります。

先にも述べたようにこう言った商品は投資信託の中でも上級者向けといえます。もちろん本書で記載した各利率などのあくまでも実績値であって将来を予測するものでも保証するものでもありません。初心者の方はいきなり手を出さず、十分に投資経験を積んでからあくまでも自己責任で購入するようにしてください。

コラム　配当率を確かめよう
～配当率の計算事例～

投資信託に限らず、資産運用を始める人の誰もが気になる点は、「いったいどれくらいの配当が見込めるのか？」ということです。

したがって、予定利率がわかれば安心して投資できます。

配当率の計算方法は、とても簡単なので、ぜひ覚えましょう。

配当率（%）＝［配当金（月あたり）×年換算（12カ月）］÷基準価額

ここでも、米国ハイイールド債の通貨選択型投資信託を例に説明します。

配当実績は、1万口あたりで次のようになっています。

・豪ドル：150円
・ブラジルレアル：150円
・中国元：75円
・南アフリカランド：110円
・日本円：60円

基準価額は、初期設定で1万円からスタートします。
仮に現在の基準価額が8000円の場合、配当金は豪ドルでは次のようになります。

・【150円×12カ月＝1800円】÷8000円＝22・5%

つまり、米国ハイイールド債を豪ドルで運用した場合、配当率は概算で22・5%となります。

配当率は、購入した時点の基準価額で決まります。

実際には税金や手数料などが差し引かれるので、さらに細かい計算が必要になり、この数字より低くなります。しかし、非常に高い配当であることがおわかりいただけたかと思います。

投資信託を購入する前に、「どのくらいの配当率なのかな?」と疑問に思ったら、この計算式にあてはめて比較検討してみるといいでしょう。

【参考】基準価額とは?

投資信託の値段のことを「基準価額」といいます。

投資信託には、株と同様に、取引を行う際の単位があります。それは「口《くち》」と呼ばれ、基準価額はその1口あたりの値段を指します。

投資信託の純資産総額を総口数で割ると、基準価額(=1口あたりの価額)が算出できます。

第5章

さあ、始めてみよう
実践の手引き②

購入の具体的な手順

それでは本章ではいよいよ、実際に投資信託の商品をどうやって買えばいいのかを、順を追って説明していきます。

「投資信託が安全で初心者向きなのはわかったけど、いざ買うとなるとどうやったらいいのかわからない……」

「証券会社って、自分には敷居が高く感じられる……」

なんて心配は無用です。

一つ一つのステップで何をすればいいのか、本章でしっかり解説しますので、ご安心ください。

投資信託購入の具体的な手順は、次のような8つのステップになります。

①口座を開設する

・普通預金口座

・特定口座

②投資条件などの申告

・年収、資産、投資歴、目的、運用方針等を設定

③入金

・投資予算にあった金額を口座に入金

④投資スタイルにあった買いたい商品候補を決める

⑤商品検索

⑥諸条件確認

・配当金シミュレーション、分配余力、健全性などをチェック

⑦商品決定、投資金額決定

⑧購入手続き↓確定

一般の書籍では簡単なステップの紹介はあっても、具体的な商品候補の選び方や諸条件の確認方法まで説明の部分（②～⑥）はぼかす場合がほとんどです。各投資家にとって一番の肝となるところなので、なかなか手の内を見せたがらない部分です。しかし、実際に購入するときに初心者が一番つまずくポイントと思いますので、隈なく説明することにしました。

実際のところ、この部分は適当に端折っても購入することは可能です。しかしそれでは見たことも会ったこともない赤の他人といきなり結婚するようなものです。せっかく投資するのだから、中身がわかって相性が良いものに投資した方が楽しいですよね。希望に沿った運用を目指すためにも、失敗のリスクを最小限にするためにもこの部分は必ず行ってください。

今すぐ口座を開設してみよう

まずは、証券会社の口座を開設する必要があります。どの証券会社でも無料で口座開設ができます。入金しても商品を購入しない限りお金は引かれませんので安心してください。一部の証券会社では条件などによっては口座維持手数料（年１０００円程度）を取られる場合もあるのであらかじめ確認しておくとよいでしょう。

口座開設の仕方は、大きく分けて、ホームページ上で手続きをする方法と、郵送（手書き）で手続きをする方法、の2通りがあります。

細部は各証券会社によって異なりますが、大まかな流れをここでは説明しておきます（ＳＢＩ証券のケースをもとに簡略化して説明。詳細は各証券会社にて確認ください）。

1. ホームページ上で手続きをする場合

ホームページ上で手続きをすると、手続き自体は非常に簡単で、ネット環境さえあればその場でできます。しかし、後から本人確認書類を郵送で送る必要があります。

大まかにいうと、次の4つのステップとなります。

- **STEP1：証券会社ホームページ上の「口座開設申込フォーム」に必要情報を入力**
  ↓仮登録が終了。
- **STEP2：登録したメールアドレスに、初回ログイン用のIDが送られてきますので、そのIDを使ってログインして、あなたの「お客様情報」を登録します。**
- **STEP3：登録した住所に、「口座開設手続完了のご案内」が、本人限定受取郵便で郵送されてきます。**
- **STEP4：郵送されてきた必要書類に記入・捺印し、本人確認書類を所定の用紙に貼り付け、返信用封筒にて返送してください。**

これで手続き終了です。

最短で、1週間ぐらいで取引開始できる状態になります。

2. 郵送（手書き）で手続きをする場合

申し込みキットを自宅に郵送してもらい、書類に手書きで記入して、本人確認書類と共に返信します。手間は一度で済むので結果的には楽かもしれません。

- **STEP1：証券会社ホームページの「口座開設申込フォーム」で郵送での申し込みを選択し、住所を入力。**
- **STEP2：登録した住所に、口座開設申込書が郵送されます。**
- **STEP3：郵送されてきた、口座開設申込書に記入・捺印します。ならびに本人確認書類を所定の用紙に貼り付けた上で、返信用封筒で返信してください。**
- **STEP4：「口座開設手続完了のご案内」が登録住所へ郵送されてきます。その中に、証券会社ホームページの初回ログインIDも入っています。**
- **STEP5：証券会社ホームページより、初回ログイン用IDでお客様ページにログインしていただき、初期設定を行います。**

これで手続き完了です。1週間から遅くても2週間で完了します。

なお証券会社によっては、ネット申し込みの人には選択できないサポートコース等がある場合があります。申し込みをネットにするか、郵送にするかは、よく検討してください。

サラリーマンの強い味方、便利に使える〝特定口座〟

さて次に、申し込み時の記載事項などについて、注意すべき点を挙げておきます。

投資信託を行うためには、まず初めに、銀行または証券会社でご自身の口座開設をする必要があります。開設する口座には次の2つがあります。

・運用口座（必須）
・特定口座（任意）

運用口座がないと取引ができませんので、必ず開設することになります。
さて、もう一つの特定口座は任意ですが、ぜひ入ることをお勧めします。

特定口座を開設すると、運用で利益が出た時に支払わなければいけない税金の処理（確定申告）を、あなたの代わりに証券会社の方が行ってくれます。

もちろん、「自分でやる」というのであれば必要ありませんが、そうでなければ、煩雑な税務処理に時間をとられなくてすみますので、ぜひ特定口座を申し込んでおいてください。

申し込みの際、【特定口座の申込】という欄がありますが、「源泉徴収あり・損益通算あり」にチェックを入れてください。

こちらを選択すると、投資信託など売却や配当金などで利益がでたときに払う税金の処理（確定申告）を証券会社が代行してくれます。また、配当金も自動振込されるので、非常に便利です。

投資を左右する「条件の設定」は慎重に!!

さて次に記載事項などについて、注意すべきことを記しておきましょう。

申込書には、投資に関する諸条件の設問があります。

年収、金融資産額、投資目的、投資歴、投資スタイル……等を設定します。

設問に対する回答は、証券会社があなたの投資に対する適正を判断する材料となります。

そのため適当に回答してしまうと、希望の商品が購入できないこともあり得ますので、十分に注意してください。

それでは具体的に説明します。ご自身の運用方針にあった希望の投資商品を購入するためにも必要になってくるポイントです（以下、ＳＢＩ証券を参考）。

・投資の方針：利回りより安全重視／利回り値上がり益重視／値上がり益重視／積極的値

上がり益重視、という回答の中から、あなたの投資方針にあったものを選択してください。

投資の方針は、あなたがとれるリスクを表します。次のような相関関係があります。

「安全重視（リスク小）」⇒「配当重視（リスク中）」⇒「値上がり益重視（リスク大）」の順にリスクが高まっていくのです。

例として前章でプロ向け商品として紹介したハイイールド債は、高リスク・高リターン商品です。このグループの商品を購入したい場合は、「積極的にリスクをとる」投資スタイルを選んでおく必要があります。反対に「利回りよりも安全重視」の投資をしたい場合は、「安全重視」を選べばリスクの高い商品を間違って選ばずにすみます。

このように、投資条件を決める際に自己申告する運用方針は、今後の投資においてあなたがとれるリスクを表します。投資方針に対する回答を間違えると、ねらい目の商品（例：ハイイールド債）が購入できなくなってしまいますので、ご注意ください。

・主たる資金の性格：「余裕資金」を選択してください。「生活資金」などを選択してしまうと、高リスク商品が購入できなくなります。

・資産運用期間：「中期」または「長期」を選択してください。本書でこれまで述べてきた、不労所得のメリットを享受できる配当収入を狙うためには、ある程度長期間の投資が必要になります。

・興味ある取引：「投資信託」を選択してください。

・年収（資産）：嘘のない範囲で、ある程度余裕があることを見せられればよいでしょう。

・投資の経験：嘘のない範囲でこれまでの経験を記入ください。しかし、「経験なし」にすると、高リスク商品が購入できなくなる恐れがありますので、少しは経験があるとしておいたほうが無難です。

注意事項は以上です。

これらの諸条件は後から変更もできますので、ご自身の状態に応じて適宜変更していってください。くれぐれも嘘はいけません。申告内容はあくまでも自己責任でお願いします。

入金——いくら準備すればいいのか？

投資信託を購入するには、あらかじめ指定口座に資金を入れておく必要があります。欲しい商品が見つかったらすぐ買えるように、口座開設が完了したら、購入資金を口座にお金を入れましょう。

入金の方法は、次の3種類があります。

- **即時入金（ネット入金）**
- **ゆうちょ銀行での振替入金**
- **銀行振込、ＡＴＭカード入金**

特に、平日いそがしいサラリーマンにとっては、即時入金（ネット入金）がたいへん便利です。

入金が即時で証券口座に反映（平日は24時間対応）されますし、手数料も無料なのでお勧めです。

即時入金サービスを利用するには、証券会社の指定する取り引き可能銀行の口座を作り、「インターネットバンキング」の申し込みをしておく必要があります。

ホームページ→ログイン→口座管理→入金指示→入金元のそれぞれの銀行の指示どおりに進めてください。

さて、購入資金はできれば少し余裕をもって口座に入れておくといいでしょう。予定購入額の2～3割ぐらい多めに入れておくのがベストです。いざというとき、買い増しができますので、チャンスを逃さずに商品を購入できます。

「買いたい商品候補」の選び方

一口に投資信託といっても、各証券会社が、数百から数千というたくさんの商品を扱っています。

その中からあなたの希望にぴったりあった商品を探すのは、非常にたいへんな作業です。そこで、条件区分をもとに、商品選択のアウトラインを引くことをお勧めします。そうしなければ、地図やガイドブックをもたずに、知らない国へ海外旅行に行くようなもので、目的地にたどり着くまでに大きな時間のロスが生じてしまいます。

商品選択のアウトラインを考える際には、前章で触れた「商品選定の3ステップ」が参考になります。

①対象市場×②発行体×③運用通貨……の3ステップで商品を選定するのでした。この順番で商品を絞り込んでいけば、あなたの目的にあった商品までスムーズにたどり着け

るでしょう。

例として、「毎月配当型の高配当タイプ」の商品を探すケースを考えてみましょう。

大まかな流れは「商品選定の3ステップ」に準じつつ、さらに少し細かく選定をしていくと、次のようになります。

・投資対象資産（株、債券など）⇓債券
←
・対象国（日本／海外）⇓海外
←
・対象市場（先進国／新興国）⇓先進国
←
・債券の発行体（国債／社債）⇓社債
←
・高金利社債（イールド債／ハイイールド債）⇓ハイイールド債
←

・値上がり重視か配当重視か（毎月配当型／再投資型）⇓毎月配当
（商品によっては、途中で変更できるものもあります）
←
・為替ヘッジ（あり／なし）⇓あり（通貨選択型）
←
・通貨（日本円／米ドル／豪ドル／ブラジルレアル）⇓豪ドル
←
※決定：「毎月配当型の北米ハイイールド債（豪ドル建て）」

このような手順を踏んでいくと、あなたの投資スタイルに合ったぴったりな商品を見つけやすくなります。

例で挙げた「毎月配当型の高配当タイプ」とは違ったジャンルの商品であっても、商品選定のステップは同じですので、様々な商品で応用ができるでしょう。ぜひこの手順を覚えておいてください。

配当金シミュレーションをしてみる

選んだ商品が、実際に購入に値する商品かどうか、最終の見極めを行います。

この作業は非常に大事です。これを怠って見かけの配当率だけで購入すると、いきなり配当率が引き下げられたり、基準価額が下落するなど、予期せぬ事態になってしまいます。

楽しみにしていた配当収入計画が崩れてしまいかねませんから、はやる気持ちをおさえて、落ち着いてシミュレーションしてみましょう。

前章のコラム「配当率を確かめよう～配当率の計算事例～」も参考にしてください。

・配当収入計画をたてる（基準価額、配当利率、手数料、購入金額）

まず、あなたがその商品を購入する金額を「仮決め」してください。

そのうえで、基準価額と配当実績をもとにおおよその配当率を確認しましょう。

公開されている数値は1万口あたりを基準で表記しているので、1万口当たりの概算が可能です。

例えば、基準価額が8000円、直近の配当実績が150円の商品を100万円で購入しようと思った場合を考えてみます。

年間の配当金は150円×12＝1800円です。

配当率＝配当金（年間）÷購入金額

＝1800円÷8000円＝22・5％

年間配当（見込み）＝購入額×配当率

＝100万円×22・5％＝22・5万円

実際には、購入手数料を考慮した購入金額で買える口数などで計算するのでもう少し複雑になります。

年間配当も、手数料と税金を考慮すると実際はもう少し下がります。しかし概算で配当収入の大まかな目安がわかりますので、ぜひ、購入前にチェックしてみてください。購入前繰り返しになりますが、シミュレーションはあくまでシミュレーションです。購入前の見極めはとても重要ですが将来の収入を保証するものではないので、そのことはくれぐれも留意ください。

重要！必ず運用状況をチェックしよう

購入する際のもう一つの重要なポイントとして、「運用状況のチェック」があります。特に大切なのは、その商品の①健全性と②成長性を見極めることです。

①健全性

健全性をチェックするためには、次のようなポイントを確認してみてください。

・配当実績↓純資産を切り崩してないか？

収益が配当金を下回ると、純資産を切り崩して配当金を支払うことになります（詳しくはこの章のコラムで説明します）。短期的には一喜一憂する必要はありませんが、継続的に純資産の切り崩しが続くようでは、その商品の健全性に疑問があるとみていいでしょう。

・基準価額が安定しているか？

債券型なので、株式型よりも安定的に推移しているのが自然です。基準価額の推移グラフを見て、大きな変動がないものをできるだけ選びましょう。ただ、世界的に大きなニュースがあってすべての商品が変動するようなタイミングもありますので、その場合は気にしなくてもいいでしょう。

・リスク管理↓投資対象を複数分散しているなどリスク分散がされているか？

運用報告書の銘柄選定の項目で、どういったものに投資しているかをしっかり確認するようにしてください。

・対象国の市場は安定しているか？

新興国市場などでは、その国が政情不安定になったとたん、その国の基軸通貨の価値は下落します。新興国市場では成長性ばかりに目が行きがちですが、安定性もしっかり見るようにしてください。

②成長性

同じように、成長性をチェックするためには次のようなポイントを確認しましょう。

・純資産や配当実績が伸びているか？

これらが伸びていれば、商品の成長性は間違いありません。しかし、純資産や配当実績が減っているのであれば、端的に言ってお金が集まっていないということです。つまり投資家たちがその商品の成長性に見切りをつけ始めているということですので、注意してください。

・健全な運用が図れているか？

純資産を切り崩したりしていたら、健全な運用といえないだけでなく、成長性にも疑問があります。そこも注意してみてください。健全性と成長性は、かなりの部分でシンクロします。

・対象国対象資産が成長過程にあり、将来性あるものか？

先の項目とも重なりますが、様々なニュース等を注目しながら、対象国の将来性を見極めてください。

その国のインフラ計画などの国策やワールドカップや博覧会といったような世界的なビックイベントなどの情報も成長性が期待できる指標として参考になるでしょう。

詳細については、「商品説明目論見書」に詳しく書かれていますので、一度目を通してみてください。

初心者には難しく感じる部分かもしれませんが、銀行や証券会社の窓口やコールセンターで直接相談すれば、ほとんどの場合とても親切にわかりやすく説明してくれます。まずは気楽な気持ちで質問されるとよいでしょう。

投資金額決定、いざ購入！

運用状況のチェックも終われば、あとは購入手続きをするだけです。

残る手続きは、次のような項目を入力すれば終了です。

・購入金額
・購入日（その日の15時を超えると最短で次の営業日扱いになります）
・購入方法（積立型、一回ごと）
・配当の受け取り方（受け取る、再投資する）　など

購入手続きの際は、さきほど紹介した「商品説明目論見書を確認した」にチェックする欄がありますので、必ずチェックを入れてください。

万一、内容で疑問点や不明点があれば必ず確認した上で購入してください。

投資信託の商品は長期保有が基本ですので、これから長い付き合いになる相手です。気になる点はよくよく確認しておきましょう。

あとは、毎月の決済日に配当金が確定し、指定の口座に自動で振り込まれるのを待つだけです。

毎月、通帳を眺めて楽しんでください！

金額はいくらから始めるべきか？

さてここでは、「金額はいくらから始めるべきか？」について、考えるべきポイントを整理しておきます。すでに述べてきたことと重なる部分もありますが、よく確認しておくにこしたことはありません。

・金額はいくらから始めるべきか？

最初の投資金額については、2つの考え方があります。

①ある程度まとまった額で始める（十万円～数十万円）

この場合は、資産の3分の1までにすることです。つまり、余裕資金で投資を始めましょう。第2章「資産を3つに分けて管理する」の項目で述べた通り、「生活口座／保険口座／運用口座」の3つに分けたあなたの資産のうち、運用口座のお金だけでやることです。

間違っても、「これはいい商品だから、全財産をつぎこんで勝負する！」などということはやめましょう。失敗が即破産への道になり、投資を続けられなくなってしまいます。

ある程度まとまった金額で投資を始めることは、次のようなメリットとデメリットがあります。

・メリット＝実績成果（＝配当金）が見えやすいのでモチベーションがアップする

・デメリット＝投資タイミングのリスク分散ができない。基準価額割れのリスクがある。

次にあげる「コツコツ積立タイプ」と比較するとよくわかります。

②コツコツ積立タイプで投資する（毎月数千円〜数万円）

ある程度まとまった金額で投資を始めるのに対し、投資信託では「コツコツ毎月積み立てで運用する」という人も多くいます。

第2章「投資は時間を味方につけるのが成功法則の一つ」でも触れた、ドルコスト平均法によって、積立投資はリスク分散に直結するのです。

・メリット＝給料天引きなどで自動化でき月々のストレスがない。また投資タイミングのリスク分散ができる。
・デメリット＝実績成果が見えにくいのでモチベーションが上がらない。

いずれにしても、最初はできるだけリスクの少ない投資スタイルで、少なめの資金で始めるのがよいかと思います。

再三述べてきている通り、大事なのは、金額が多い少ないではありません。

「まず投資を始める！」

このことです。

少ない金額でもいいですし、月5000円の積立投資でもいいのです。

まずは自分で実際に商品を購入してみることで、新たな世界が広がるのです。

こまめに相談できる担当者をつくろう

　さて、長く投資を続けていくにあたって重要なのは、「こまめに相談できる担当者をつくろう」ということです。

　かかりつけのお医者さんのように、あなたの投資スタイルや資産状況をよくわかっていて、必要なときに適切なアドバイスや処置をしてくれる担当者は、何よりの財産となります。

　また、あなたが投資している商品に何らかの変化があった場合に、すぐに連絡をくれ、対処方法を指示してもらえれば、仮に暴落する局面があったとしても大きな損失を被らずにすむのです。

　投資はお金を扱うことだからでしょう、多くの人が「誰にも知られずひそかに投資したい」と思うようです。その気持ちはよくわかります。

しかし、人間は誰でも、自分のことになればなるほど客観的に見られなくなるものです。ましてて、欲望がからんでくればなおさらです。ぜひ、証券会社の担当者との信頼関係をつくるように心掛けてください。

私が本格的に投資を始めるにあたって、一番重要視したのは、いつでも気軽に窓口で相談できる環境です。ところが、もともと口座を持っていた某証券会社の支店が近くになかったため、たまたま近くにある某大手銀行に投資用の口座を開設しました。

結果的には、他行に比べて行員も少ないからか、人事異動も少なく、非常に丁寧な対応を続けてくれました。銀行によっては、「担当者がころころ代わる」とか、「担当者が代わったとたん連絡もくれなくなった」みたいな話も聞きますので、やはり、いい担当者との出会いは大切にすべきです。

私も、市場が暴落する局面で担当者がいち早く連絡をくれ、助けられた経験があります。

しかし一方で、銀行員や証券マンを信用しすぎるのもいけません。そのバランスが難しいところです。

銀行員が勧めてくる商品は、必ずしもあなたの利益に直結しません。彼らは投資家が得をしようが損をしようが、取引さえ行われれば手数料収入がありますので、とにかく取引をさせたがるのです。

また、彼らにもノルマがあります。

とくに新規でスタートする商品、新規公募のファンドなどは、実績がないので資金集めに苦労するケースが多いので、熱心に勧誘してくる場合があります。そういった商品は、仮に1万円の基準価額でスタートしても公開したその瞬間に下落する可能性もあるのです。

証券会社や銀行にとってうまみが少ないが、私たちにとって利益のある商品――たとえば低値安定している商品の長期保有など――を勧めてくれる担当者は、あなたの利益をしっかり考えてくれているので、信頼できるといえるでしょう。

どんな情報をチェックしていくべきか？

投資を始めてから、どんな情報をチェックしていけばいいのでしょうか。

基本的には、「世の中のニュース」「自分が投資した商品の情報」の２つがいわば車の両輪ですので、両方に目配りをしていく必要があります。

「世の中のニュース」については、一般紙で報じられている程度のニュースはおさえておきつつ、世界経済の動向、とくにＦＲＢ（米連邦準備銀行）の動向は影響が大きいので、関連するニュースは注視しておくようにしましょう。

「中国がくしゃみをすると世界が風邪をひく」などと言われますが、経済のグローバル化が進んだ現在、一つの国の動きが世界経済に影響を与えます。本書では海外債券をお勧めしてきましたので、とくに世界経済についてのニュースは関心をもって眺めるようにしてください。

そのほか、戦争、政変、災害などには、機関投資家が敏感に反応し、市場が大きく動きます。細かい株価の値動きは追いかける必要ありませんが、いま市場が上昇トレンドにあるのか下降トレンドにあるのかなど、大きな傾向性はおさえておきましょう。

「自分が投資した商品の情報」は、特に基準価額が大幅に下がっていないかを注意してください。

大きな情勢変化などがあり基準価額が大幅に下がれば、配当重視の商品では配当金の見直しが入ります。「月々300円の配当金だったのが、今月から200円に下がった」という具合です。基準価額が下がり配当金の見直しが行われたなら、その商品に投資し続けるかどうか、検討すべきタイミングです。

また、総額資産が減り続けているようであれば、投資家が売りに出しているわけですから、その商品に魅力がない証拠です（このあたりは、P236「重要！　必ず運用状況をチェックしよう」の項目もご参照ください）。

その場合、継続して持ち続けるよりも、一度損切りして精算して、ポートフォリオを組み替えたほうが、全体のパフォーマンスがよくなるケースがあります。

見直しのタイミングは2～3年に一度といった程度でしょう。

ありがちな失敗として、基準価額が下がっても「どうにか持ち直してほしい」という守りの心理に支配されてしまい、落ち目のファンドを持ち続けてしまうケースがあります。

私もそのような経験がありました。しかし、リーマン・ショックでどん底まで突き落とされて、そこでいったんすべての商品を精算してポートフォリオを見直したので、現在の成功があると思います。

落ち目のファンドを持ち続けてもいいことはありません。あらゆる投資の基本は「損切り」ですので、見直すべきときには思い切って見直すのが必要です。

また、投資信託の中でもキャピタルゲインで値上がり益を狙うタイプのもの（株式型に多い）は、売り時が非常に難しいものです。基準価額の上昇がずっと続くとみんな思いたいのですが、いったん下落しはじめたら早いものです。プロでも売り時は難しいです。だからこそ本書では債券型の配当重視タイプをお勧めしています。

いずれにしても、何かあった時にすぐ電話をくれるような担当者との信頼関係が大事になるのです。

さまざま書いてきましたが、実際にはそんなに頻繁に見直す必要はありませんし、毎月の決算報告に一喜一憂することもありません。

「ほったらかし」で長期投資するのが、投資信託の最大のメリットですから、その点は忘れずにいてください。

コラム　分配金に関する注意

特別分配は本当に損か？　捉え方次第、再投資で上手に安値買い増し！

さて、本書ではインカムゲイン（配当収入）が得られるという点で、分配金がもらえる投資信託を勧めております。しかし、分配金については知っておかなければいけない注意事項がありますので、ここでは3点にわたり説明しておきます。

①分配金は、投資信託の純資産から支払われます。

預貯金の利息などとは仕組みが異なります。したがって、分配金が支払われると、その金額に相当する分、基準価額は下がります。

②分配金は、発生した収益を超えて支払われる場合があります。

毎回、分配金の額が変動するより、ある一定期間は毎月○○円ずつ支払われる、というように決まっている商品が多いです。そのため、運用益が上がらなかった月でも、分配金の金額が下がることはありません。予定していた分配金のほうが、収益より多い場合は、いわゆる「利益の持ち出し」になってしまうわけです。

その場合、決算日の基準価額は前回の決算日と比べて下落することになります。

普通の投資信託商品であれば、一時的にそのようなことがあっても、市場が落ち着いてくれば元の基準価額に戻ってきますので、あまり一喜一憂せずに長期的に判断すべきでしょう。

例を挙げてみましょう。

・前期決算日から基準価額が上昇した場合

前期決算日の基準価額：10500円

当期決算日（分配前）の基準価額：10550円（利益が50円上乗せ）

このファンドが「毎月100円の分配金を出します」と謳っていた場合、10550円の中から、「利益分の50円」と「元本の50円」を合わせて「配当金100円」を支払うことになります。その結果、次のようになります。

当期決算日（分配後）の基準価額：10450円（10550－100＝10450）

・前期決算日から基準価額が下落した場合

前期決算日の基準価額：10500円

当期決算日（分配前）の基準価額：10400円（損益が100円生じている）

同じようにこのファンドは「毎月100円の分配金を出します」と謳っている場合、減ってしまった10400円から、さらに「配当金100円」を支払わなければいけません。

そこで「配当収益20円」と、「元本80円」の持ち出しで、「配当金100円」を作りだしました。その結果、次のようになります。

当期決算日（分配後）の基準価額：10300円となりました。

③分配金の水準は、必ずしもファンドの収益率を示すものではありません。

分配金はある程度水準は一定に保たれます。そのため、ある決算日で大きく基準価額を下げた場合でも、配当金は従来の水準のまま、というケースがあります。優秀な投資信託であれば、市場の混乱が落ち着けばそのギャップも解消されていきます。

決算日の基準価額が購入時の価値を割り込む場合は、分配金の一部または全部が、実質的には元本の一部払い戻しに相当する場合があります。これを元本払戻金（または特別分配金）といいます。

分配金には普通分配金と元本払戻金があります。

「普通分配金」とは、個別元本（投資者のファンドの購入価格）を上回る部分からの分配金です。

「元本払戻金」（特別分配金）とは、個別元本を下回る部分からの分配金です。分配後の投資者の個別元本は、元本払戻金の分だけ減少します。元本払戻金はもともと自分のお金ですから、税金がかかりません。

毎月送られている決算報告の中で、配当金の欄が「普通分配金」から出ていれば、順調に運用されている証拠です。「特別分配金」から出ている場合は、元本が切り崩されているということですので、今後、運用が持ち直せるかどうかを見ていく必要があるかと思います。

しかし、ほとんどの場合はその後、持ち直しますので、一回一回の決算報告に一喜一憂せず、長期保有を前提に投資をしていくのが投資信託の場合は得策です。

・「特別分配」は本当に損か？

さて、分配金について、セミナーやコンサルをしている際によく聞かれる質問があります。

「〝配当型〟の投資信託は、基準価額が下がったとき無理やり配当を出す（特別配当）ので、だまし配当じゃないですか？」

この意見をわかりやすくいうと「自分の元本を切り崩しているだけですよね、詐欺みたいですね」ということです。

この問いに対する答えの前に、投資で大きく財を成している人の特徴を紹介します。

成功している人は、「長期的に成長を見込める商品を見極め、反落局面（基準価額が下がったとき）でタイミング良く買い増していく」という方法で雪だるま式に上手に資産を増やしています。

この点を加味しての私の答えはこうです。

「元本切り崩しのリスクという面では確かに半分正解ですが、半分不正解です」

私の考え方ですが、市場が動いている以上、基準価額も常に上がったり下がったりを繰り返します。下落局面が一時的な価格調整と判断できたら「特別分配」は元本割れしている安いときに買い増し（再投資）をする絶好のチャンスだと思っています。

なかなかここまで突っ込んだ意見を持っている方は少ないのでよく勉強されているなあと思う反面、せっかくのチャンスを生かしきれてないなと思います。

いずれの場合でも常に長期的視野に立って成長が見込めるか？という視点を忘れないことが大切です。

以上、私のひとつの意見ですが、ぜひ参考にしてください。

おわりに

最後までお読みいただき、本当にありがとうございました。

本書をお読みになっていかがでしたでしょうか?

この本が、少しでもあなたの「お金」に対する意識を変え、行動するきっかけとなったら大変嬉しく思います。

長い間、お付き合いいただいたあなたのために、「良かった」で終わらずにどうしたら「行動」に移してもらえるかな? と考えて、最後にちょっとだけいい話を用意しました。

・この本はテクニック本ではありません！

この本は、単に「〇〇手法で投資をしよう！」というテクニック本ではありません。

少し前、「生きるための〇〇保険」という前向きな保険商品がありました。それに倣っていうならば、「家族・本業を支えるためのストレスフリーな投資」とでも言いましょうか。

この本の趣旨は、あくまでもあなたが最も得意とする本業を収入の主軸としたうえで、国民の8割が心配している〝老後の不安〟を取り除き、安心と充実した毎日を過ごすための手ほどきを示した本です。

・宣言します。あなたにとって生涯手離せないバイブルとなるでしょう。

この本をきっかけに「投資のことをもっと学びたい！」と思った勉強熱心なあなたは、きっとこの先たくさんの本を手にすることでしょう。ですが、この本は、きっと最後まであなたの手元に残ることでしょう。

なぜなら、この本はハイパー金利の投資テクニックについて書かれているようにみえて、実は、もっとも大切な土台となる部分＝お金持ちになるための定理（知恵・戦略）＝について、もっとも時間を割いて書いているからです。

・暴露します。テクニックなんてどうだっていいのです。

もしかしたら、あなたに謝らなければいけないかも知れません。

本書のクライマックスと言える後半では、高金利配当の投資術について詳しく説明しました。おそらくこれから投資をしようと思われる方にとってはかなり具体的で魅力あるノウハウだろうと思います。実際に私が現在進行形で実践している方法なので魅力があって当然です。

しかし、私にとっては、この部分はどうだってよい部分です。テクニックの部分を一所懸命に読んでいただいた方には、とても無責任なお話かもしれません。

むしろ、この本の中で私がほんとうに大切にし、伝えたいと思っている部分は前半のマインドの部分です。

その理由は、お金を増やせるマインドがしっかりと身に付きさえすれば、テクニックなどは、後付けで良くどんな方法でも増やすことができてしまうからです。

それくらい、マインドは大切です。この先、時代が変わってもこの本に書かれたお金持ちになるための定理は変わることないでしょう。だからこそ、この本はあなたのバイブルにしてもらえる自信があります。

・お金持ちになりたければ、「お金持ち」に聞け！

さて、この本は、普通の平凡なサラリーマンが一念発起して、試行錯誤の末、たどり着いたラクしてお金を増やす「テクニック」と、その過程で学んだお金を引き寄せる「知恵・マインド」をひとつにまとめたものです。そして、その方法とは、世界の大富豪の人たちが押しなべて実践していた、〝お金持ちになる王道〟でした。

実は、私が投資で苦労の末、「ほったらかしで稼ぐ仕組み」を確立させたあと、偶然『バビロンの大富豪』という一冊の本に出合います。

この本は1920年に発刊され全世界で1000万部も読まれているという投資家のバイブルみたいな本です。ストーリーの舞台は古代メソポタミア地方の都市バビロニア一の大富豪アルカドが弟子たちに説いた逸話をもとに「お金持ちになるための教え」としてまとめたものです。

当時、自分の経験を人に広める命を受けており、そのため、とりとめもないただの我流投資法をノウハウとしてひとつにまとめる必要がありました。そこで、まとめ方の参考にする程度の軽い気持ちで手に取ったのですが、飛び上がってびっくりしたのを今でも覚えています。なんと驚いたことに、そこに書かれた内容は、凡人サラリーマンの私が苦労の末たどり着いた考えや方法とほぼそっくり同じでした。紀元前3000年のはるか昔の教えが、なんと私の考えと同じだったなんて感動と驚きでした。10年もかけてやっとの思いで手に入れた答えがすべてその一冊にまとまっていました。ずいぶんと遠回りしたものです。ただ、それと同時に、大いなる自信にもつながりました。自分のたどり着いた結果は間違っていなかったのだ！　と。

この本のすごいところは、お金持ちになるには「知恵」と「テクニック」の両輪が必要だと説いている点です。私の経験から来る考えと全く同じでした。セミナーでも本でも常々マインドの部分の大切さを念仏のように唱えていますが、知恵とは投資家マインドであり、マネーリテラシーであり、いわゆる戦略です。時代が変わっても国が変わっても一生使える不変の財産です。

実は、大富豪アルカドにも師匠がいました。若き日の役場の一凡人サラリーマンだったアルカドは、老師匠アルガミシュの教えに素直に耳を傾け、言われた通り実行することで、大富豪となったのです。その師匠からの初めの言葉は、「収入の1割を使わずに自分のために取っておきなさい＝先取り貯金しろ！」でした。

ここから投資のすべてが始まるのです。本書で私が第1章：『お金を「管理する」力』の項で初めのステップとして「先取り貯金」を勧めているのとまったく同じです。

・安心してください！　誰にでもできますから‼

また、本の一節に、主人公の一人でバビロンの大富豪のアルカドが、古代メソポタミアのサルゴン王からの問いに答える一場面があります。

サルゴン王「アルカドよ、お前がバビロン一の大富豪というならば、お前はどうやって大金持ちになったのだ？」

アルカド「私はただ、誰もが利用できるチャンスを利用したにすぎません」

「誰でもできる方法」……じつは、これも私が本書で一番意識した点です。

例えば、本書で紹介した「先取り貯金」「お金の出入り管理」「積立投資」「投資信託」……これらはすべてお金持ちになった人が、愚直に実践したことばかりです。お金持ちになるために、特別なことをする必要はありません。本書に書かれた「誰にでもできる方法」を愚直に実行するだけでよいのですから。素晴らしいと思いませんか？

・投資は充実した人生に必要不可欠なもの、そして、楽しくて素晴らしいもの

本書の中で、一貫して出てくるテーマ、単なる投資のテクニック本ではなく、一生使えるお金の大原則を体得することで、充実した人生を送ってもらいたい、マスコミによっ

て作られた「投資は怖いもの」という脳のブレーキを解除し、投資は楽しくて素晴らしいということを身を持って体感してもらいたい！　そんな思いを胸に、出版チームと何度も何度も協議をしながら書き進めてきました。今、何が「本当のリスク」で「今やるべきこと」は何か。そのことを改めて考えてもらえれば幸いです。

・合言葉は、「今すぐ始めよう！」

本書をきっかけとして、〝何もしないことのリスク〟⇓〝今すぐ資産運用を始める重要性〟に気がついていただき、あなたの大切な資産を守るためのスタートを一刻も早く切って欲しいと切に願って、筆をおきたいと思います。

最後になりますが、本書を書くにあたってほんとうに数多くの方々からご協力とご支援をいただきました。そして、私が著者になるきっかけを下さった（社）日本作家協会理事の泉忠司先生、高嶋美里先生、小山竜央先生をはじめとする協会メンバーのみなさまには大変お世話になりました。特にあれも言いたいこれも盛り込みたい！　とわがまま放題な私に不平不満もいわず、何度も何度も議論をしてくださった出版チームの皆さまと、この本を書くきっかけとなる「作家スター誕生」という出版企画コンペを企画して下さった泉忠司先生には数々のアドバイスをいただきました。心よりお礼を申し上げます。

感謝を込めて

等々力　秀

この本の読者の方だけに、特別なプレゼント

・「ただ読んで良かった！」で終わらないために〜

せっかくのこの本を通じて私と出逢ったのに、単に良かった！　で終わらせるのは本当にもったいないと思います。先に述べた通り、だれでもできることばかりしか書いてませんので必ず実践していただきたいと心から願っています。そして、この本で紹介した、ほったらかし投資の仕組みを手に入れて、あなたの大切な時間は、大事な本業や家族のために心おきなく使ってもらえたら何よりも嬉しいのです。

ただ、そうはいっても、本を読んだだけでは、なかなか実践できない方もおられることも熟知しています。でもどうしても目の前のチャンスを生かしてもらいたく、特別にこの本を読んでいただいた方限定で、本書の内容を実践できるメール講座を無料でプレゼントさせていただきます。

等々力式「不労所得構築」実践サポート講座

⇓　http://form.os7.biz/f/312fc5bb/

続きは、サポート講座の中で、またお会いしましょう。

この本で紹介した投資術を身につけて、経済的な自由と時間の自由と、そして精神的な自由を手に入れて、本来のあなたの本業でいきいきと活躍できて輝いているあなたと、いつかどこかでお会いできることを楽しみにしています。

等々力 秀（とどろき しゅう）

等々力式不労所得投資塾 塾長
社団法人日本作家協会正会員
お金に好かれ人脈や運をどんどん引き寄せる
「お金のIQ先生」

敷かれたレールの上を歩く人生に疑問が芽生えたときに出会った、ロバート・キヨサキ氏の著書に衝撃を受け、自分にはまだ未知の世界があることを知る。それをきっかけに、大企業サラリーマンを続けながら積極的に未知の世界に飛び込んで行く。その結果、独自の成功哲学・マインドセットなどを身に付け、複数収入源の構築に成功。
「子供たちの明るい未来のために日本を元気に！」というビジョンのもと、資産運用・不動産投資の経験を生かし経済的自立を目指すサラリーマンのためのお金の学校「セミリタ等々力塾」を主催。「ほったらかし投資術」を中心に、お金の基礎知識、お金持ちのマインドセット、賢い投資術、マネーリテラシー啓蒙の執筆・講演を行う。大企業で培った一流のスキルと本質を見抜く鋭い洞察力を武器にした歯に衣着せぬ語り口は「分かりやすくためになる！」と定評がある。

現在、多くの悩めるサラリーマンの希望の星となるべく、仲間とともに「世界一を目指す勝ち組（価値組）創出」を目指して活動中。

夢は、死んだあと「あいつはよき人格者だった」と言ってもらうこと。

著書に「年利20％の不労所得でセミリタイア生活を手に入れる方法」Amazon Kindleがある。

お金《かね》が殖《ふ》える
魔法《まほう》の財布《さいふ》を手《て》に入《い》れる！
～忙《いそが》しいビジネスマンが本業《ほんぎょう》で活躍《かつやく》するための投資術《とうしじゅつ》～

2016年7月7日　初版発行

著　者　等々力《とどろき》 秀《しゅう》
発行者　青木誠一郎
発行所　株式会社みらいパブリッシング
〒162-0833
東京都新宿区箪笥町31番 箪笥町SKビル3F
TEL03-6265-0199 FAX03-3235-2203
http://miraipub.jp
E-mail : info@miraipub.jp
発売所　星雲社
〒112-0012
東京都文京区大塚 3-21-10
TEL03-3947-1021 FAX03-3947-1617
印刷・製本　日本ハイコム株式会社
企画協力　城村典子
制　作　ポエムピース
装　幀　堀川さゆり
落丁・乱丁本は弊社宛にお送りください。送料弊社負担でお取り替えいたします。

ISBN 978-4-434-22086-9　C2033

この本であなたも「価値組《かち》」に！

価値組サラリーマンの
毎日ニコニコ＼(^O^)／
「ほったらかし投資術！」
この本で簡単に学べます！